お金のプロも
ダマされた!?

あえてあやしい「儲け話」をやってみた

藤原久敏

SOGO HOREI PUBLISHING CO., LTD

まえがき

マスク投資詐欺。

いまだかつて、そんな投資詐欺など、私は聞いたことがありません。

私だけでなく、ほとんどの人がそうでしょう。

しかし、今ならマスク投資詐欺は十分考えられます。実際、マスク投資詐欺の勧誘例は増えています。


その内容は、以下のようなものです。


1枚20円で仕入れたマスクを、とある医療機関に50円で卸すことが決まっているとのこと。この案件には1万枚単位で投資できて、1万枚分入金すれば、諸経費引いても、元金は2倍になるとのこと。今だからこそできる、手堅い投資だとして勧誘してくるのです。

業者によって、多少金額などは違ってくるようですが、概《おおむ》ね、そんな感じの投資話です。

これはもちろん、**新型コロナウイルスに便乗した詐欺**であることは、言うまでもありません。

２０２０年2月頃から猛威を振るい始めた新型コロナウイルスによる甚大な影響については、あらためて説明する必要はないかと思います。

今、ここで冷静に見れば、このマスク投資は明らかにおかしな話です。どこから仕入れて、どこに卸すのか。それについてはまったく説明なし。**手堅い投資と言うのなら、自分でやれ**、というレベルの話ですよね。

そもそも、皆が困っている状況で、倍以上の値段でマスクを売ること自体、「どうなの」。そんな声も聞こえてきそうです。

しかし、極端なマスク不足を、多くの人が身をもって実感している中で、この話に手を出してしまう人がいても、私は不思議に思いません。実際、手を出して（言われるままにお金を振り込んで）、そのまま業者とは連絡取れずじまいという被害例もあるようです。

ちなみに、この投資話には、「投資すれば、マスクを卸値で譲ってもらえる」という、特典付きの話もあったりして、そのバリエーションは様々です。

家族のため、周りの人のために、1枚20円でマスクが手に入るのならと、これはかなりの人が、グッとくるのではないでしょうか。

当時、マスクがまったく手に入らず、本当に困っている人は少なくありませんでしたから——。

実は私も、新型コロナ騒動の大混乱の中、マスク「投資」詐欺ではありませんが、**マスク詐欺にはやられました。**

それは、マスク不足がピークとなった2020年3月末頃のこと。

店頭でのマスクは完全に姿を消し、ネットでも予約受付ばかりの状況の中、手元にあるマスクが底を尽き、これはマズい……と深夜までネットで探し続けていると、某通販サイトにて「これぞ」というものを見つけたのです。

それは、「ウイルス対策新ポリウレタン素材マスク（水洗い可能）4枚セット1000円」という商品でした。

一見お高いようですが、当時の状況からすれば、あり得ないくらいの良心的価格と言えます。

欲しかった使い捨てマスクではなかったですが、まぁ、洗って何度も使えるので、これでもいいかな、と。

そして気になる評価も、「この状況下で届いて嬉しいです」「しっかりフィットして使い心地良いです」など、高評価が並びます。これが背中を押して、夜通し探し続けた努力は報われたと喜んでクリックしたのでした。

そこから、届くまで約半月、意外と時間がかかりました。

そして、届いた商品は、**とんでもない代物**でした。

そのマスクとは、梱包に使われるような質の悪いスポンジを、ただただマスク状に切り抜いただけのもの。

ペラペラのスカスカで、ウイルスどころか、塵や埃もブロックできないような製品で、しかも、ほんのりと黄ばんでいました。嗅いでみると気分が悪くなるほどの薬品臭さでした。

あまりの酷さに、これは嫌がらせなのか、と思ったほどでした。

ネットでの評価を見返すと、注文時には高評価が並んでいたのが、その半月程の間に評価は急落、「騙された」とのコメントが並んでおりました。

これは最初から、仕組まれていたことだったのか……と思わざるを得ません。

値段は1000円ですし、ある程度は覚悟していたとは言え、普段の私なら絶対に注文しなかったはずのクオリティーです。それを注文したということは、やはり**心のどこかに「これでマスクが手に入った」**という安心があったわけです。

この件について、**「マスク」を「お金」と置き換えれば**、私はなんとかしてマスク（≒お金）を手に入れたい心理につけこまれ、マスク（≒お金）が手に入ると思って注文したわけですから、これは**投資詐欺と同じ理屈**なわけです。

投資詐欺は、いつ、どこで、どんな形で、やってくるか分かりません。

状況によっては、自分が今、投資詐欺の真っ只中にいることすら、気づかないことも少なくありません。

あえて私の失敗談を出したのは、**「誰しもが、投資詐欺に引っかかる可能性がある」**ことを訴えたかったからに他なりません。

だからこそ、冷静な状態（今、この本を読んでいる状態です）で投資詐欺についてしっかり知っておいてほしいのです。


私はファイナンシャル・プランナー（お金の専門家）として20年近く、主に投資に関する相談・講演・執筆をしております。

そして、私自身でも、投資はガンガンやっております。

ですので、これまで多くの投資詐欺にも遭遇もしてきましたし、自分以外にも投資詐欺に遭遇した人の相談を受けてもきました。

本書では、そんな経験から、**投資詐欺について、その特徴、そして傾向と対策について、様々な角度から**書かせていただきました。

CHAPTER1「旬のテーマには、気をつけろ！」では、ほとんどの投資詐欺では、旬のテーマ（まえがきでの新型コロナもそうです）で騙《かた》ってくることについて書いています。

なぜ、旬のテーマを騙ってくるのか、実際にこれまでよく使われてきた旬のテーマとは、どういったものかを考えます。

CHAPTER2「あなたに近づき不安を煽る投資案件には、気をつけろ！」では、投資詐欺における、その不安の煽り方について、書いています。

そして、不安を煽る中でも、特に危ないものについても、触れています。

CHAPTER3「ビジネス系投資には、気をつけろ！」では、ネットワークビジネス（ネズミ講含めて）について書いています。

一見、投資話ではないようでも、実は、最も性質《タチ》の悪い投資話のケースも潜んでいるのです。

CHAPTER4「向こうからやってくる話には、気をつけろ！」では、向こうから一方的にやってくるメール、電話、DMなどは、ほぼ間違いなくダメな案件であることについて書いています。

CHAPTER5「僕が騙されたり、騙されかけた話」では、実際に私が失敗した話について、告白させていただきました。

繰り返しますが、投資詐欺は、いつ、どこで、どんな形で、やってくるか分かりません。

本書でぜひ、**投資詐欺の見極め方**を、知っていただければと思います。

目次

CHAPTER 1

あなたの気持ちを狙う旬のテーマには、気をつけろ！

2
CHAPTER

あなたに近づき不安を煽る投資案件には、気をつけろ！

3

CHAPTER

気がつけば騙されているビジネス系投資には、気をつけろ！

4

CHAPTER

ターゲットを定めて向こうからやってくる話には、気をつけろ！

5 CHAPTER
僕が騙されたり、騙されかけた話

DTP　横内俊彦／装丁&本文デザイン　飯富杏奈（Dogs Inc.）／校正　池田研一

1

CHAPTER

あなたの気持ちを狙う

旬のテーマには、気をつけろ!

仮想通貨

「近々上場する仮想通貨があるんです」という誘いにはご用心

テレビや雑誌、最近ではＳＮＳなどで話題となっているような**「旬のネタ」は、投資詐欺においては絶好のネタ**です。

まえがきで触れた「新型コロナ」ネタも、まさに旬のテーマです。

旬のテーマは、その状勢が目まぐるしく変化するため、**「早い者勝ち」**と焦らせやすいのが大きな特徴です。

実際、（一時話題となった）太陽光発電の売電価格は、買取制度が始まった２０１２年は42円／ｋＷｈ（10ｋＷ未満）だったのが、みるみるうちに下落していき、２０２０年には21円／ｋＷｈと**半減しています**。ビットコインについては、話題になり始めた２０１４年あたりに買っていれば、**数年後には約１００倍**まで値上がりしました。

太陽光発電やビットコインへの投資については、まさに早い者勝ちだったわけですが、それらは結果論であって、すべてが早い者勝ちというわけではありません。しかし、旬のネタは、**その実態は未知数な部分が多い**ため、「手っ取り早い成功例」を都合良く取り上げ、**言いたい放題**のところもあるのです。

また、旬のネタは、メディアでも**よく目に（耳に）していることから、警戒心が薄れやすく**、勧誘しやすいのも特徴です。そしてメディアでは、そのネタによっては**「絶対にお得」「楽して儲かる」**といったイメージを植え付けているケースも少なくなく、実際、そのようなイメージを持っている人もどんどん増えているわけです。

そんな理由から、**投資詐欺においては旬のテーマほど「使いやすい」ものはない**でしょう。

旬のテーマは、投資詐欺においては常套手段、というか、**そのほとんどに旬のテーマが絡んでいる**と言っても、言い過ぎではないかもしれません。

なので、投資話で「旬のテーマ」が絡んできた場合には、十分に気をつける必要があるのです。

それでは本章では、そんな「旬のテーマ」が絡んだ投資話について、いくつか具体的に見ていきたいと思います。


2017年12月、**仮想通貨ビットコイン1枚の価格が230万円を超えた**ことは、まだ記憶に新しいところです。

その年の1月には10万円程度だったので、**1年間で、一気に20倍以上に値上がり**したわけです。

ちなみに2017年以前は、しばらく数万円台でウロウロ——2014年初頭に当時最大手取引所（交換業者）マウントゴックス社が倒産したときには1万円台にまで下がっていました。

なので、2017年に入ってからの暴騰のほんの数年前に、仮に2万円程度で買っていれば、100倍以上の値上がりに。もし100万円分買っていれば、なんと**1億円以上を手にすることができた**のです。

投資で1億円以上を稼いだ人を、尊敬（?）とやっかみ（??）の念を込めて、**「億《おく》り人」**と言います。

そんな「億り人」が、このビットコイン狂騒曲によって、アチコチに誕生したのです。2017年はビットコインだけでなく、他の仮想通貨も軒並み値上がりし、中にはビットコイン以上の値上がりを誇る仮想通貨も少なくありませんでした。

そんな**夢とロマンの詰まった仮想通貨**を、投資詐欺が、使わないはずがありません。

なお、現在では、仮想通貨は「暗号資産」との呼称に改められていますが、本書では、これまで通り、（一般的な呼称である）仮想通貨で統一します。

……ただ、ビットコインの値動きをチェックしている人の多くは、薄々感じているかもしれません。

それは、ビットコインでは、**かつての夢のような爆発的な値上がりはもう期待できないだろう**、ということを。

実際、2018年に入ってからは、ビットコイン価格は一気に下落します。200万円を超えていた価格は一時30万円台までに落ち、その後、急騰急落を繰り返し、100万円を大きく超えてくることもありますが、現在は50～100万円程度で推移しています。

2017年末には300万円突破して、数年後には500万円、1000万円、いずれは1億円も夢ではないと鼻息荒かったのが、今となっては**空しい限り**です。今から、かつてのように10倍、20倍となっていく気配は、ちょっと感じられないのが正直なところでしょう。

ビットコインに次ぐ、メジャー通貨であるイーサリアムやリップル、ライトコインといった仮想通貨も概ね同じような状況、もしくは、より悲惨な状況となっています。

そんな状況の中、いや、そんな状況の中だからこそ、今、仮想通貨を騙って投資話を勧誘するときによく使われるのは、ビットコイン（もしくは他のメジャー仮想通貨）ではなく、まだほとんど世に知られていない、**「これから爆発的に、値上がりする」**仮想通貨なのです。

！上場すれば、大儲け！

「近いうちに、上場する仮想通貨があるんですよ――。」

ビットコインバブルが弾けた2018年の半ばでしょうか。私は、「あやしい投資」をテーマにした講演のオファーを受けて、東北地方まで出向いておりました。

そして講演会は無事終了し、受講者も交えた懇親会の席となりました。

宴もたけなわ、お酒で顔を真っ赤にした若者が、勢いよく私の隣に座ってきて、唐突に、そんな投資話を持ちかけてきたのでした。

「私を通してもらえれば、藤原先生なら、20万円分調達できますよ」

まさか、「あやしい投資」をテーマに講演をした後で、そんな「あやしい投資」の勧誘を受けるとは、想定外でした。

ちなみに、この勧誘の背景にあるのが、**「上場すれば、莫大な利益を手にできる（だろう）」**ということ。

仮想通貨は世界に**1000種類以上ある**とも言われていますが、そのほとんどは上場しておらず、（上場していないと取引は難しいので）取引実態はなく、価値はほぼゼロと言ってもよいでしょう。ビットコインも最初はそんな状態でした。

そんな無名な仮想通貨が上場し、多くの業者で取り扱われるようになれば、一気に知名度・取引量が増え、その**価格は跳ね上がる**こと間違いないわけです（もちろん、「絶対」ではありません）。

ちなみに、ビットコインが世に出たのは2009年10月、初の提示価格は**1ビットコイン0・07円でした。**この価格で購入することは不可能にしても、もし、誰も目をつけていない時期に、（何らかの方法で）買うことができていれば、その値上がりは10倍、100倍どころではありませんよね。1万円分でも投資していれば、タワーマンションでも丸ごと買えるくらいに儲かったことでしょう。

現在、国内で一般に取引できる仮想通貨は、ビットコインやイーサリアム、ライトコインなど20種類にも満たず、すでに多くの人に注目されています。そんなメジャーな通貨が、これから10倍、１００倍と値上がりすることは考えづらいでしょう。

しかし、世の中には、**まだ注目されていない、「これから」の仮想通貨があるのかもしれません。**

投資に興味ある人であれば、そう考えるのは自然な流れですね。

そして、そんな「これから」の仮想通貨とは、まさに「近々、上場する仮想通貨」のことですから、これは関心を持たないわけがありません。なるほど、だから「あやしい投資」をテーマにした講演会の講師である私に勧誘にやってきたわけです。

！上場するのか、しないのか？

ただ、この手の投資話のオチは、たいていの場合は、**「上場しない」**です。

上場しないとなると、取引することは非常に難しいので、基本的には**売ることは不可能**です。ということは、その仮想通貨は実質的に無価値なので、**投資資金はパー**ということになります。

これが、「最初から上場させるつもりはまったくない」のであれば、明らかな詐欺です。

しかし、「上場を目指しているが、結果的にまだできていないだけ」「いつかは必ず、上場させます」と言い張られると、その真偽を立証するのは極めて困難です。

なので、業者にしてみれば逃げ道があるわけですから**「上場」に絡めたネタは、投資詐欺の定番**でもあるのです。

未公開株詐欺など昔から有名ですが、今回の投資話はまさに、その仮想通貨バージョンと言ってもよいでしょう。

そして、未公開株詐欺でもそうなのですが、その（近々上場するであろう）仮想通貨が

いかに凄いものなのかを延々と語ってくるのが、この「上場」ネタの定番となっています。

独自の特許技術でビットコインを上回る情報処理を誇るとか、有名人もすでに投資しているとか、超有名企業（アマゾンやグーグルなど）がスポンサーになっているとか――。本当かウソか分からないような（調べようがないような）ことをまくし立ててきます。

それだけ凄い仮想通貨なら、これは上場するだろう、と思わせることが彼らの狙いです。

私が勧誘を受けた仮想通貨の場合を見てみましょう。まず**「この仮想通貨はとある国がバックアップしており、国家プロジェクトでもある」**との壮大なスケールでした。そして、そんな国家スケールの話が出てきたあたりから、自らもその国家プロジェクトの一翼を担っているかのごとく語り始め、だんだんと彼の鼻息が荒くなってくるのがわかりました（これが後々、ヒートアップすることになります）。

ただ、アレコレまくし立てられても、その仮想通貨の素晴らしさは私にとってどうでもいいのです。

投資する側からみれば、結局は、**上場するかしないか、**それこそがポイントなのですから。

未公開株投資の勧誘でも、その（上場するであろう）企業がいかに凄いものなのかを、がんがんアピールすることがほとんどです。

しかし、そんな未公開株投資の勧誘をこれまで散々受けていた私は、この「上場」ネタの投資話については、かなり効果的なあしらい方法を身につけておりました。

それが、以下の切り返しです。

「あなたが今まで取り扱った中で、実際に上場したものはあるのですか？」

この切り返しには、これまで出会ってきた未公開株の取扱業者は、「いや、あの――」と激しくトーンダウンすることがほとんどでした。

実際、見ず知らずの私を勧誘してくるような業者が、本当に上場するような有望銘柄など取り扱っているはずないですからね。そして、これには、「あります」とウソをついてもすぐバレます。

なので、彼の反応に期待しつつ、久しぶりに、この切り返しを使ってみたのです。

「いや、ありません。**仮想通貨そのものがまだ新しい仕組み**なので、私も今回が初めてです。だからこそ、まだ参加者が少ない今こそチャンスなんです」

と、清々しく「ありません」と。

そして、仮想通貨がまだ新しい仕組みであることを、捉えようによってはデメリットであることを逆手にとって、むしろアピールしてくるではないですか。

なるほど、未公開株の勧誘では効果抜群だったこの切り返しは、彼には通用しませんでした。

これでイケると思ったか、さらに彼は、まくし立ててきました。

！本当の情報は、「人から人へ」と？

「本当のことは、ネットなどには書かれていません。**本当の情報は「人から人へ」と伝わるもの**です」

さも、**自分の情報こそ、本当の情報だと言わんばかり**の自信たっぷりのセリフでしたが、すでに酔いが回っている様でした。

「情報は川下になるほど、不純物が混じりながらネットに流れます。川上の純粋な情報は、〝人づたい〟にしか得ることができないのです」

自信たっぷりのセリフを繰り返しますが、すでに呂律が回っていませんでした。酩酊の度合いは進むばかりです。

そんな感じで、興奮してか酔っぱらってか、彼は顔を真っ赤にして、「まだまだ黎明期である仮想通貨の世界では、そんな川上の情報をいち早く掴んだ人が、大金持ちになれるのです」と力説してくるのです。

たしかに、仮想通貨の世界は、まだまだ手探り状態の世界です。新しい仮想通貨が次々と生まれ、そして、その活用の場が広がっていく一方で、規制などの法整備は追いついていないのが現状です。

そんな状況においては、川上の情報もたくさん溢れていて、それらの情報をいち早く掴むことで大儲けできる、とのイメージは強いですし、実際にそうかもしれません。

でも、そんな**川上の情報は、本当にごく限られた人たちの間でしか、出回らない**はずです。

言うなら、混じりっ気なし純度１００％の川上の情報など、それこそ、社会のルールを決められるくらいの人達の間でしか、出回らないと思っておいたほうがよいでしょう。

少なくとも、懇親会場となった生中一杯４００円の居酒屋では、そんな情報は出回らないはずです。

そもそも、勧誘をしてきた彼は、見た目、話し方、立ち居振る舞い――。どれ一つ取っても、そんな川上の情報を持っているようには思えませんでした。仮に、彼の話（上場する仮想通貨がある）が本当だとすれば、それは国家機密レベルの話となるわけで、それを居酒屋で大声で話すようなことなど絶対にないはずです。

そもそも、そんなスゴイ話を、なぜ、見ず知らずの私に持ちかけてくるのか――。彼が調子に乗って話せば話すほど、**突っ込みどころ満載**なのでした。

一応、私は講師の立場だったということもあり、あまりにもガンガンまくし立てられるも癪《しゃく》に障ったので、「本当の情報は、人から人へ」は認めつつも、**「でも、本当に限られたごく一部の人」**であること、そして、**「少なくとも、それは我々ではないよね」**と反論しました。私も少しお酒が入っていたこともあって、若干、その人の立居振舞いにもケチをつけながら――。

すると彼も、「いや、そんな卑屈なマインドだと、何も変わりませんよ」とヒートアップしていきました。

さらに言うには、「これからの時代、世の中の大きな流れを読める人間こそ、限られた人間なんです」と。そして、その大きな流れこそ仮想通貨であることを語り、**資本主義の歪みにも切り込んできます。**ここではまた、(彼の言うところの) 国家プロジェクトを担っている仮想通貨を持ち出し、大きなスケールで、大きな声で、さらにヒートアップしてきました。

そんな私たちのやり取りを見て、周りの人たちがこちらに寄り集まってきます。「あやしい投資」講演会後の懇親会ですから、皆、興味津々。そして、次々に意見を言い始めました。

「それ、フィリピンのやつだろう」「いや、中東諸国が原油取引の決済に使うやつでは」などなど、なぜか皆さん、**国家機密レベル（？）の情報をお持ち**です。そして、そんな機密情報をベラベラと振り撒き、もう言いたい放題の状態となり収拾がつかなくなってしまいました。

そんなわけで、その勧誘の会はうやむやのうちに、お開きとなってしまいました。うやむやになってしまったので、彼の勧める「上場する仮想通貨」の真偽のほどは不明ですが、おそらく、上場はしていないでしょう。別れ際、「上場の話が進んだら、また連絡ください」と言って別れたのですが、いまだに連絡はありません。

仮想通貨の投資話では、このような**「上場ネタ」**は多いです。

残念ながら、そのほとんどは上場などしませんし、上場したとしても、実質的に取引できなかったり、購入額より値下がりするケースがほとんどです。

中には、上場前に入手して、莫大な利益を手にした「本当に限られた、ごく一部の人」もいるでしょうが、少なくとも、私の周りでは聞いたことはありません。

ネットで「仮想通貨」「上場」と検索しても、多くの悪評が飛び交っているのが現実でしょう。

もちろん、ネットで書かれていることがすべて真実とは限りません。でも、それだけ多くの悪評が飛び交っているということは、**それだけの被害者がいることは事実でしょう。**

そんな事実があるからこそ、彼は「本当のことはネットには書かれていない」と頑《かたく》なに否定していたのかもしれません。

付け加えるならば、今回の「仮想通貨の上場」とよく似たパターンとして、**「仮想通貨による資金調達」**という誘いにも要注意です。

！ＩＣＯは、避けるべし！

これは**ＩＣＯ（Initial Coin Offering）**と言って、企業や事業プロジェクトが**独自の仮想通貨（トークンと呼ばれる）を発行して、資金調達する仕組み**です。ＩＣＯは、新規仮想通貨公開ともいい、成功すれば、爆発的な値上がりが期待できるのです。

実際、ビットコインに次ぐ規模を誇るイーサリアムはＩＣＯで誕生した通貨ですが、ＩＣＯ価格から**１０００倍以上の価格**となっています。

そう、これは投資に興味ある方なら、すぐに**ＩＰＯ（Initial Public Offering）**を連想しますよね。

ＩＰＯとは新規公開株のことで、新規に上場する、（入手は困難だが）有望な株式を購入しておくことで、上場後に大きな値上がりが期待できるものです。ＩＣＯは、そんなＩ

ＰＯと比べものにならないくらいの利益が期待できるのです。

ただ、それは大成功の話であって、実際には失敗が多く――。というか、それ以前に、**ＩＣＯでは詐欺（持ち逃げ）が非常に多い**のです。

ＩＰＯの場合、厳しい審査があるので、詐欺の心配はほとんどありません。

しかしＩＣＯは、**個人やベンチャー企業が手軽にスピーディーに行うことができる**ため、経営・事業計画が杜撰《ずさん》なもの（たいてい失敗する）や、詐欺であることが多いわけです。

その企業や事業プロジェクトは大丈夫なのか……。それを見抜くのは、極めて困難です。

もちろん、きちんとした資金調達がなされ、そして大成功した例もあるわけですが、世の中にはいろいろな投資があるわけですから、あえてＩＣＯに手を出す必要はないでしょう。やるのであれば、投資ではなく、「宝くじ」と思ってやることです。

現在ではかなり下火になっているとは言え、まだまだ水面下ではこの手の勧誘がくるかもしれませんので、気をつけましょう。

！仮想通貨を騙ったいろいろな勧誘パターン

仮想通貨を使った投資話には、他にも、いろいろなパターンがあります。

例えば、**「仮想通貨で運用するファンドに、一口投資してみませんか」**というパターン。

これは、「お金を預ければ、大きく増やしてあげますよ」と、仮想通貨の爆発的な値上がりをチラつかせて、仮想通貨なら2倍、3倍に増やすことができると期待させて勧誘してくるパターンです。

もっとも、この「お金を増やしてあげますよ」というケースは、次のテーマであるFX投資でも多いパターンなので、その詳細については後に譲ります。


また、**「仮想通貨を販売するビジネスをやってみませんか」**というパターンもあります。

これは、自らが代理店や取次の登録をして仮想通貨を販売するもので、販売実績に応じて報酬が受け取れるというもの。販売するのは、（ほぼ無価値の）超マイナーな仮想通貨がほとんどで、私を勧誘してきた彼も、おそらく、このパターンだったと思われます。

中には、代理店になることを勧誘する、すなわち、**一緒にビジネスをやる人を勧誘す**

るとのパターンもあって、これはネズミ講のケースも少なくありません。そのあたりの詳細は、ＣＨＡＰＴＥＲ３で詳述します。

あと、**「仮想通貨のマイニング事業に出資しませんか」**というパターンも、仮想通貨ならではのアプローチです。

仮想通貨のマイニングとは、仮想通貨取引における確認・記録のための計算作業のことで、その作業報酬として仮想通貨を受け取ることができるものです。

文字通りマイニング（採掘）をして、その労力によって仮想通貨を掘り出すのです。

ただ、その膨大な計算作業を行うため、高性能なコンピューターを24時間稼働させる必要があり、それには相当な電気代がかかります。そこで、その電気代を、今話題の太陽光発電によって賄うというケースもあるようです。**「旬のテーマ（仮想通貨・太陽光発電）」の2枚重ね**で、インパクトは確かにありますよね。

いずれのパターンも、**仮想通貨で大儲けできる（かも）**との期待が、その裏側にあるわけです。

実際、ビットコインをはじめ、仮想通貨が軒並み爆騰して話題となった2017年、と翌18年あたりから、仮想通貨の投資話は爆発的に増えています。

ただ、**「話題となったときにはピークアウト」**で、「今まで興味のなかった人が、興味を持ち始めたとき」が天井というのが、昔からの定説です。

例えば株式投資では、「主婦雑誌で株式特集が組まれた」ときが、株価のピークとも言われています。これは知っておいて損はない、投資の法則とも言えるでしょう。

仮想通貨においても、まさにそのとおりでした。

18年あたりから仮想通貨投資をはじめた人の多くは、かなりの値下がりで損失を被ったはずです。それでも、投資詐欺で全額パーとなるよりかはマシでしょう。

仮想通貨の将来は、誰にも分かりません（本当に限られたごく一部の人以外は）。ひょっとしたら、また大きな波が来るかもしれませんし、来ないかもしれません。

いずれにせよ、仮想通貨に投資をするのなら、仮想通貨を騙った投資話には乗らず、自分で直接、通貨を選んで、タイミングを見計らって、納得いく投資をしたいところです。

ＦＸ（外国為替証拠金取引）

超高性能ツールとしてのＦＸ！

ＦＸとは、外国為替証拠金取引であることはご存知でしょう。

わずかな証拠金で、その何十倍もの金額の外貨取引ができる仕組みです。

例えば、今なら4～5万円程度の証拠金を差し入れれば、1万米ドル（100万円以上）の取引ができてしまうのです。

この場合、為替がわずか1円でも動けば、1万円の損益となります。

これは証拠金（元金）に対して20％以上の損益となるわけで、この**資金効率の良さ**は、他の証拠金取引（先物など）と比べても群を抜いています。

また、他の外貨建て商品と比べ、ＦＸの為替手数料は桁違いに安く、金利も相当高い水準となります。

さらには、ネットを通じて24時間取引できて、ＩＯＣ注文やトレール注文など多彩な注文方法が可能と、株式取引と比べても、はるかに使い勝手が良い、**超高性能なツール**とも言えるでしょう。

ＦＸの歴史は古く、日本では20年程前に登場しました。

登場間もない２０００年代前半はトレンドが分かりやすく（一方向的な円安傾向が続いた）、米ドルやユーロといったメジャー通貨の金利も高水準だったこともあり、ＦＸで大儲けする人が続出し、**「ＦＸ長者」**なる言葉もできたほどでした。

そんなＦＸですから、ＦＸをチラつかせた投資話が、出てこないわけがありません。

！自動売買プログラムで、増やします

さて、FXを騙った儲け話の定番は、**「お金を預ければ、FXで運用して増やしてあげますよ」**というものです。

FXが登場して間もない頃は、「FXをやりませんか」と、直接FXに勧誘するケースも多かったのですが、FX取扱業者が登録制となった現在では、**「FXで増やしてあげる」**と、間接的にFXをチラつかせるケースが多くなっています。

当然、冒頭で触れたように、FXの凄さを、しっかりとアピールしながらなのは言うまでもありません。

残念ながら、それらの中には、「稚拙な運用によって」「超ハイリスクな運用によって」大損を被るものも少なくありません。そして中には、「明らかに、投資家に不利で無茶な運用」をするものもあれば、そもそも、運用せずに持ち逃げしてしまう投資詐欺も存在するのです。

そんな詐欺、もしくは詐欺まがいの多くは、その**勧誘トークの中で、旬のテーマを盛**

り込んできます。

最近だと、**「システムトレード（自動売買プログラム）」**が旬のテーマで、「最新の」システムトレードだの、「独自の」システムトレードだの、それがいかに凄いシステムであるかを、やたらとアピールしてくるわけです。

ＩＴ技術が発達した今、ＦＸに限らず、**「コンピューターに運用させる」は、投資業界でのトレンド**です。

人間が「裁量」で投資をすると、どうしても「損をしたくない」との気持ちが働き、冷静な判断ができないことは、近年の研究（投資心理学・行動経済学）でもハッキリしています。

そんな人間心理を排除して、プログラムで（機械的に判断させて）取引するというのが、今の大きな流れと言ってもよいでしょう。

そんな流れの中、各ＦＸ業者は、有料無料を問わず多種多様な自動売買プログラムを提供しています。

実際、24時間取引ができて、多彩な注文方法を誇るＦＸは、そもそもシステムトレードと相性抜群でもあるわけです。

ですからシステムトレードで運用すること自体は問題ないのですが、システムトレードであることをやたらとアピールしてくるのは、ちょっと気になるところです。そして、そのシステム（自動売買プログラム）がいかに凄いのかを、（こちらが聞いてもいないのに）やたらと訴えてくるのは、いかにもあやしい。しかも、**旬のワードを唐突に出してきてアピール**するのは、さらに匂います。

ちなみに、そのアピールでよく使われるワードとしては、最近だと**「超高速取引（HFT）」**などが有名です。

これはアルゴリズム取引などとも呼ばれ、超高性能なスーパーコンピューターを駆使して1000分の1秒単位で繰り返し発注できる取引のことです。超高性能なAIと相まって、**無敵感が半端ありません**。そんなインパクトも、勧誘時には大きな武器となるわけです。

他には、**「AI」「ビックデータ」**など、システムトレードでは、世間でも話題のワー

ド も絡めやすく、**旬のワードの2枚重ね、3枚重ね**も珍しくありません。なんだか、圧倒されそうです。

以前、私が受けた勧誘では、**「量子コンピューター**を稼働させて……」などと言ってきた人がいましたが、これは即座に、**「そりゃ、嘘だろ」**とわかりました。

ちなみに量子コンピューターとは、量子力学の現象を用いて、従来のコンピューターでは不可能とされる処理が期待できるコンピューターのことです。実は私、量子力学には興味があっていろいろ調べていた時期があるのですが、量子力学自体、まだまだ解明されていないことが多く、量子コンピューターも開発段階なのです（というか概念上の存在という説もあります）。少なくとも、現時点では実用化などされていません。

勧誘してきた方は、そのあたり、よく分かっていないか、それともカン違いしていたか……。

いずれにせよ、そんな最新のシステムのことなど誰も分からないと高をくくってか、（なんだかよく分からないけど凄そうと、興味関心を引くためか）たまに量子コンピューターなど**トンデモ説を持ち出す人**もいるわけです。

そういった意味では、**特に高度で専門的なものは、言いたい放題**だったりもします。

そして、そもそもですが、どんなに凄いワードでアピールしてきても、それらがシステムの中でどのように使われているのか（そもそも、本当に使われているのか）は、我々には分かりません。

なので、なんだか**凄そうな旬のワードを、これ見よがしに、脈絡もなく、断片的にちりばめてくる儲け話は要注意**です。中には、ただ、その**旬のワードを使いたいだけだろ、**としか思えないケースもあります。

前述のような「ＡＩ」「ビックデータ」など、なんとなくカッコいい、凄そうな旬のワードに、過度に心を奪われないように気をつけましょう。

！元本保証を、匂わせてくることも

私の元にも、そんな「凄い（と思わせる）ＦＸシステムトレードで運用します」といった勧誘はたくさんありました。

そして当然のごとく、いかに凄いシステムであるかを説明してくるわけですが、やはりその多くは、前述のように、**煙に巻くような説明**を重ね、言葉が上滑りをして、説得力のないものがほとんどでした。

そして残念ながらと言うか、ＦＸ絡みで勧誘してくる人たちは、仮想通貨の儲け話のようにキャラの立った人はあまりいなかったため、面白エピソードはありません。

強いて言えば、やたらと分厚いノートパソコンを取り出し、「おっ、この場でデモンストレーションをやってくれるのか」と期待させながら、ただのパワポのスライド（旬のワードが書かれただけ）を見せられてガッカリしたことくらいでしょうか。やたらと分厚いパソコンは、超高性能ではなく、ただ古いだけだったのかもしれません。

ところで、「ＦＸで運用して増やしますよ」との儲け話の誘いを受ける中で、そのシステムトレードのアピール以外にもう一つ、気になったことがありました。
それは、**「元本割れはない」を暗に匂わせる**ような勧誘が多かったことです。

当たり前ですが、**投資において「絶対安全」はあり得ません。**

ですが、「FXのシステムトレード」という最新鋭の武器に自信を持ってか、信じられないことに、「絶対安全」であること、場合によっては「元本割れはない」と受け取れることをほのめかしてくる勧誘は、まだまだあるのです。

実際、そんな勧誘を、私もよく目の当たりにしました。

ちなみに、よく分からないままに旬のワードを使ってくる連中よりも、この「元本割れはない」を匂わせてくる連中の方が、「慣れている」感じでした。要注意です。

もちろん、「元本割れはしない」とハッキリとは言いませんし、パンフレットなどに書いているわけではありません。

そもそも**元本保証と謳《うた》うのは、明らかに出資法（第1条）違反**です。

なので、「建前上は、投資は何が起こるか分からないものなのですが——」などと思わせぶりなセリフとともに、(「建前上は」との言い回しがいやらしい)、「過去一度も元本割れはしていないデータ」(そのデータもあやしい)を見せてきます。

そして、「過去のデータを見る限り、将来も、元本を割り込む可能性は極めてゼロに近い」ことを説明してくるのです。**「ゼロに近い」がポイントですね。**

さらには、「断定的なことは言えないので歯がゆいのですが——」などと言って、「でも、言いたいことは分かるよね」という感じで、「元本割れはない」との雰囲気を醸し出してくるのです。

そのあたりはなかなか巧妙で、もし、「FXは特別な運用法」「このシステムはなんだか凄い」などという考えが少しでも頭のどこかにあると、うっかり「これは、本当に元本割れはないのでは」との気持ちになってしまう危険性が大なのです。

もう一度言いますが、彼らは決して「元本割れはしない」とは、言いません。

ただ、**そういった言葉の周りを撫で回すような言い回し**で、暗に、遠回しに、そしてねちっこく、匂わせてくるのです。

これにはちょっとイライラして、**「つまり、元本割れはしないということですね」と言《げん》質《ち》を取ろう**としたことがあったのですが、「いえ、投資である以上、それは我々の口からは……」と、なかなか尻尾をつかませてくれません。それでいて、やはり元本保証を匂わせるわけです。

これにはプロのファイナンシャルプランナーとして、なんとかして言質を取ってやろうと、あの手この手を試みたこともありましたが、なかなか手ごわかった記憶があります。残念ながら、ハッキリと言質は取れませんでした（取ったからと言って、別にどうこうするつもりはありませんでしたが――）。

一度、「そのあたりは、わが社で責任を持っておりますので」まで引き出せたことがありましたが、そのあたりとは、どのあたりか――。これで言質を取れたと言えるかは微妙なところですね。

いずれにせよ、「元本割れはしない」を匂わせるような勧誘で資金を集めようとしているところは、「何かある」と思ったほうがよいでしょう。

皆さんは無理に言質を取ろうとはせず、そんな勧誘は避けてください。

！ 月2％で増やします!?

「ＦＸで運用」の勧誘トークで気になったことがあるとすれば、それは「月２％で増やします」といった、**月ベースでのリターン表示**です。

月２～３％程度が多かったように記憶しています。

通常、投資のリターン（利回り）というのは年単位なのに、月単位でのアピールが多かったことも、ＦＸ絡みの勧誘トークでひっかかっていたところです。

なぜ、月単位の表記なのでしょうか。

ひょっとしたら、**「元本保証をリアルに感じさせる」**ため、月単位にすることで、あえて２～３％という堅実な数字をアピールするためか、と個人的には推察しています。

その真意は分かりませんが、それくらいうがった視点を持っておきたいところです。

実際、**「利回り20〜30％で元本保証」など嘘くさい**ですが、2〜3％なら、「それくらいなら……」と、元本保証も信憑性が出てきます。ある意味、これも**元本保証を暗に匂わせるテクニック**かもしれません。

また、ＦＸではスワップ金利が毎日入金されるという特徴も、この「月単位の安定的な収益」と絡めやすいわけです。

ただ、月２％ということは、年利とすれば単利計算で**年24％**です。

堅実な数字では全くありません、超ハイリターンです。これで元本保証など、絶対にあり得ないわけですが、２％の数字には、「それくらいなら元本保証でも……」と思いかねないのが、人間心理の怖いところです。

！ＦＸ運用を、アドバイスしますよ

さて、「ＦＸで運用して増やします」との儲け話が、世間を一巡した段階で（今でも、まだまだ出回ってはいますが）、次に出てきたのが**「FX運用を、アドバイスをしますよ」**という誘い言葉です。

例えば、「明日、米ドルは110円まで上昇する」「1週間後、ユーロは115円まで下落する」など、**具体的な為替の動き、つまり売買のタイミング**を、メールや会員専用サイト、PDFファイルなどで教えてくれるというものです。

もちろん、タダで教えてくれるわけはなく、「入会金3万円・月会費1万円」「スポット情報料5万円」など、お金は必要です。

その投資額に見合ったリターンがあるかどうかは、その業者次第です。

きちんと登録（金融商品取引法の投資助言・代理業）をした業者であれば、そういった**投資助言（アドバイス）ビジネス**そのものは、違法ではありません。

しかし中には不誠実な業者もいますし、無登録業者（潜り業者で、これは詐欺のケース多し）がいるのも事実です。

もっとも、そんな業者は、いかにも**あやしげなサイトで「裏の極秘情報」**などと謳っていたり、また、**個人情報保護法無視でガンガン一斉メール**を送ってきたりと、どう考えても胡散臭いわけです。付き合いのいい私もそんなところには、わざわざ首は突っ込みません。

皆さんはそんなサイトやメールはスルーされているかと思うので、わざわざ本書で解説しなくてもいいかなと思ったのですが——。でも、**その情報が百発百中だったとしたら**……。そんな胡散臭さが逆に、「本当に裏の極秘情報なんだ」と信じてしまいそうです。

では、そんな**百発百中を演出する昔からの有名な手口**を、ここで紹介しておきます。

まず、できるだけ多くのメールアドレスに、「明日、ドルは上がる」「明日、ドルは下がる」といった真逆の2つの情報を2つのグループに分けて流します。

そして、もしドルが上がれば、「明日、ドルは上がる」とのメールを送ったグループ(的中グループ)にだけ同じように、「上がる」「下がる」と真逆の2つの情報を、2つのグループに分けて流します。そしてまた、的中グループにだけ、同じようにメールを送ることを繰り返すのです。

最初に800人に送ったなら、これを5回も繰り返せば**800人↓400人↓200**

人↓100人↓50人↓25人と数は減ってはいきますが、その25人にしてみれば**5回連続的中させた業者**となるわけです。

そして、その実績があれば、かなりの確率で「有料会員」に誘導できることでしょう。

ただ、そんなやり口ですから、それで実際にお金を払って会員になったとしても、結果は見えています。

今、この手口を読んで、「ふ～ん」と思われているかもしれませんが、それは**客観的な立場**だからです。

もし、実際に5回連続で的中させるメールがくれば、（この手口を知らないと）心がざわつくのではないでしょうか。

どんな人でも、**狙い撃ち（ターゲット）にされると危ないもの**です。

いざ、**主観的な立場**となると、どうしても「自分だけが特別に」といった雑念も入るものです。

だからこそ、冷静なときにいろいろな手口を知っておくことが大切で、知っていれば、「いや、これはあのパターンだな」と対応できるのです。

その意味でも、本書を大いに役立てていただければ幸いです。

FX取引のやり方を、教えますよ

最近では、「お金を増やしてあげます」から**「お金の〝増やし方〟を教えます」**というスタンスで勧誘してくるケースも多くなってきました。

FXでもよく使われます。

超高性能なツールであるFXを活用すれば大儲け、との触れ込みで、いわゆる**「FXスクール」「FX塾」**といった看板で、**FX取引の（儲かる）やり方を教えてくれる**というものです。

当然、それなりに入会金（入塾料）や授業料がかかるわけですが――。

これも結果的には、払ったお金以上の結果を期待しているわけですから、ある意味、**儲け話の一形態**と言えるでしょう。

儲かるFXのやり方を教えるスクールというのは、我々FPも、「お金の学校（マネースクール）」「投資の学校（インベストメントスクール）」といった名目でやっている、**一つのビジネスモデル**でもあります。

実際、私の知り合いの多くもアチコチでやっていますし、私自身も講師で参加しているスクールもあります。

ここ最近は、新型コロナの影響もあってか、オンラインに力を入れたスクールが増えてきていますが、その規模や内容は多種多様で、今、**多くのスクールが乱立している状況**でもあります。

なぜなら、**「教える」だけであれば、特に免許・登録は不要なので、参入ハードルは低い**からです。

FXを直接「取り扱う」のはもちろんのこと、前述のように具体的な「投資アドバイス」をするにも、金融庁への登録が必要ですが、スクール運営であれば、誰でもできるわけです。

スクールのクオリティーも千差万別で高額な費用を取っておきながら、その内容（教材や教育カリキュラム）が極めて稚拙で、ほぼ実態のないようなもの（↑詐欺みたいなもの）もあるわけで、要注意なわけです。

「教えてもらう」ということは、お金だけでなく、**時間・労力も費やす**わけですから、FXスクールに限らず、学校選びは慎重になりたいものです。

スクールを見極める方法の一つは、やたらと**「超簡単」「誰でも」「すぐに」**儲かると謳っているかどうか。そういうところは危ないでしょう。

逆に言えれば、「充実したカリキュラムで、**しっかり知識・技術を身につける**」というキャッチコピーのところは、信頼感があるわけです。投資の知識・技術は、一朝一夕では身につかないわけですから。私なら、そういったところを選びますし、さらに言えば、**「結果は努力次第」**みたいなフレーズがあれば、なお良しでしょう。

ちなみに、入会金・授業料といった費用は10万円以上と、それなりの価格であることが多いのですが、これを、**「儲かれば、すぐに取り戻せますよ」**といった勧誘をするところもあるので要注意です。とにかく「入会させよう」との意図が見え見えですから。

！システムトレード（自動売買プログラム）を売りますよ

ひと昔前であれば、システムトレード（自動売買プログラム）など、個人レベルのＰＣ環境では到底動かせないものでした。しかし、今やパソコンの高性能化、インターネットの高速化などによって、**個人でもシステムトレードで運用することは難しくない時代**となっています。

そんな中、これまでの「ＦＸシステムトレードで運用しますよ」だけでなく、**「ＦＸシステムトレードを販売しますよ」**といったパターンも珍しくはありません。

もちろん、中には素晴らしいシステムもあるのでしょうが、中にはほとんど価値のないようなシステム（ほぼ詐欺）もあるわけです。

ただ、相当なコンピューター知識がないと、システムそのものの良し悪しを見抜くのは不可能なので、そこは業者の勧誘手口で見極めたいところです。

その見極めポイントは、**「何もせずに放っておいて大丈夫」「あとは寝てるだけでＯＫ」**といった案内をするかどうか。これは危ないと思います。

と言うのも、自動売買とは言え、最初の条件設定などはしっかり考える必要があるからです。

さらに運用が始まってからも、相場動向や運用成績を見ながら、機動的に条件変更やプログラムの入れ替えなど、やることはいくつもあるからです。

自動売買との言葉で誤解されがちですが、**「何もせずに」と言うわけではない**のです。それを、「何もせず」をアピールし、場合によっては「楽々」「誰でも」といった勧誘をしてくるのは、かなりあやしい話です。

FXスクール運営と同様に、「システム販売」も免許・登録は必要ないのでハードルは低くて参入しやすく、粗悪なプログラムを扱うあやしい業者も混じりやすいので要注意です。

そして、この「システム販売」以上に参入しやすいのが、「FX必勝法」といったタイトルで小冊子やPDFファイルなどを有料で販売する、いわゆる**「情報商材」**と呼ばれるものです。最近では小冊子など以外にも、メール・音声ファイル・DVD・動画配信など、その手口は多様化してきました。

これらはシステムのようにダウンロードの必要はなく、また、一般に数万円〜数十万円するシステムと比べても安価なので、購入側のハードルも低いと言えるでしょう。それだけにこれらも玉石混交、中には、詐欺に近い稚拙なものもあるので要注意です。

実は私もかつて、「究極のＦＸ・至高のＦＸ」といったタイトルの情報商材を買ったことがあります。

タイトルに魅かれたのと（タイトルには凝ったモノが多く、このネタ元はおそらく「美味しんぼ」）、料金も１０００円くらいと安かったので、思わずポチっと注文しました。

そして送られてきたＰＤＦファイルをドキドキしながら開けると、そこには「基本的なＦＸ取引ルール」と、偉そうに上から目線で「投資の心得」が20ページほど書かれているだけのシロモノでした。

具体的なＦＸ取引手法は一切なく、なんじゃこりゃ、と思うも、「投資の心得」はそれなりにイイコトが書かれており、改めて心構えを振り返るいい機会にはなりました。

なので、**これには騙されたのか、それなりにいい買い物だったのか――**。いまだにモヤモヤしております（情報商材には、そんなグレーなものも多い）。

ただ、購入後、ウン十万円のＦＸトレードシステムの勧誘が相次いだことは言うまでもありません。

そうです。その１０００円の情報商材は、（高額なシステムを販売するための）**顧客メールアドレス集めの「寄せ餌」**だったわけです。

通販などでも、やたらと安い商品は、そういった目的があるのは有名なところです。

私は「捨てメール」を使って購入したので問題はありませんでしたが、できることなら、安い情報商材に安易に飛びつくのは避けた方がよいでしょう。

ＦＸは、投資ネタとしては、株式と並ぶ、主流中の主流です。

それでいて、**株式と比べれば新しく**、見ようによっては「旬」のネタでもあるので、こうやっていろいろと調理（運用アドバイス、ＦＸスクール、情報商材など）されるわけです。

そしてそこには、詐欺も多く潜んでいるわけで、儲け話にＦＸが絡んできたときには、大いに注意しましょう。

排出権取引

地球温暖化を救え、排出権取引

排出権取引、CO_2排出権取引、温室効果ガス排出権取引――。名称は違えど、すべて同じです。

前述の仮想通貨やＦＸほどメジャーではありませんが、投資の世界で一世風靡したテーマです。

排出権取引とは、国や企業ごとに「温室効果ガス（CO_2）の排出枠」を定めて、その排出枠を超えた国・企業と、排出枠が余っている国・企業との間で取引する仕組みのこと。

これは京都議定書による地球温暖化防止策の一つで、2005年に発効され、同年にはEU各国間での取引が始まりました。ガス排出枠を取引するという、その斬新な仕組みから、そして地球温暖化への関心も相まって、当時、非常に注目されていたのです。

そんな中、私の元に、こんな電話がきたことがありました。

「はじめまして、私、当地域を担当しております○○と申しますが、今、ニュースや新聞でもよく目にする排出権取引をご存じでしょうか?」

単刀直入、小細工なしで、**いきなり旬のテーマで切り込んでくる**、分かりやすい第一声です。

ただ、社名ではなく個人名を名乗り、**この時点では、投資の勧誘であることには、まったく触れていません。**

そして私が、「ええ、最近、よく耳にしますね」と、あえて相手が欲しがりそうな返答をすると、意気揚々とこう続けてきました。

「そうなんです、京都議定書によるＣＯ２削減策なのですが、今、地球温暖化によって、この排出権が値上がりしているのです」

京都議定書や地球温暖化という分かりやすいキーワードを放り込みつつも、このあたりで投資であることを匂わせてきます。

さらにこう続けました。

「これからさらに注目されることになれば、今後ますますの値上がりが見込まれます。もし投資にご興味あれば、この排出権取引は、今かなり有望なのですが、いかがですか？」

と、ここで投資話であることをハッキリさせて、勧誘してきました。

これには、「はぁ」と、ちょっと相手の出方をうかがってみました。すると、こんなあいまいな返事（相槌）には、基本、彼らは**「話、進めて良し」**と判断するわけです。

「では、まずは資金を10万円程預けていただければ、お取引することができます」

と、なんだか、取引することを前提に話を進めてくるわけです。

そして続けて言うには、「入金いただければ、あとは排出権の値動きを見て、タイミングなどはアドバイスさせていただきます」とのこと。

! ウダウダ言わずに、任せなさい！

先ほどのセリフの中で気になるのは、「まずは」です（**これは10万円では済まない**な、と）。

それ以前に、そもそも、どういった取引なのかと聞いてみるも、その取引の詳細（仕組み）については、「資金を入れていただければ、適宜、取引額やタイミングについてはアドバイスさせていただくので、そこでまた――」と、サラッと受け流し、知りたいことも教えてくれません。

そして、お客様の手は煩わせません、我々が手取り足取りとの主旨を丁寧に言うも、これは聞きようによっては「**グダグダ言わずに任せろ**」とも取れるわけです（実際、それが本音でしょう）。

実は、私は、この「排出権取引」を騙った取引については、なんとなく知っておりました（知っていて、あえて聞いてみた）。

それは、先物取引やＦＸと同じく**「証拠金取引」**で、差し入れた金額の何倍もの取引ができる、非常にハイリスクな取引なのです。ただ、その元となる排出権そのものの値動きのメカニズムは非常に難しいもので、正直に言って、私は今でもよく分かっていません。なので、そこを突っ込まれると、「危ない」「よく分からない」と思われてやっかいなのだからか、取引そのものの詳細は話してこないわけです。そこを、話してくれればポイント高かったのに、と残念がったことが記憶に残っています。

さて、ここまで読んでいただき、気づかれているかもしれませんが、実は私、（ある程度、この投資話のカラクリや業者の手口を知った上で）**ひやかし気分で対応**しております。

ただ、万一、凄く良さげであれば、「やってみようかな。最悪ネタになるな」との下心があったことは否定しません。

私が知らない（勉強不足）だけで、実は美味しい投資話であることに納得できたり、勧誘してきた人が凄く素晴らしい人だったり、であれば、いくらかは投資してもよいと思っていました。


当時はまだ若く血気盛んで、隙あらば論破してやろうと意気込む一方、一本取られることにも期待していました。今思えば、かなりひねくれた対応だったと思います。

なので、ここで私は、相手を試す意味でも、**「それって、絶対に儲かるのですか？」**と聞いてみたのです。

ここで、「はい、絶対に儲かります」と答えるようだと、その時点でアウト（そして、私もガッカリ）。

もっと昔であれば、そんなアウトな業者もたくさんいたらしいですが、2001年に金融商品販売法、2007年に金融商品取引法といった法律が施行されてからは、業者も「言葉」には気を遣うようになり、そんな露骨なセールスはグッと減りました。

電話口の彼も、さすがにそこは「はい、絶対儲かります」などとは言わず、「いや、値動きがあるわけですから、それは分かりません」とかわします。でもすぐさま、ますます進む地球温暖化への危機感を煽り、「ただ、排出権の値上がりは、多くの方が予想されています」と、**冒頭にループ**します。

そして、間髪入れずに、「この排出権取引によって、地球温暖化抑制につながり、また、排出権を売った途上国の援助にもなるのです」と、ただの投資（お金儲け）ではなく、**イイことをしている感じをたっぷり演出**してくるのです。

なんだか、**国会答弁かのごとく、微妙に論点をズラしてくるなぁ、**と感じずにはおられませんでした。

あと、手数料についても質問しました。

これには、「取引内容によって金額は変わってくるので、一概にいくら、とは言えないのです」と、またもやサラッとかわしながらも、「手数料はいくらかご負担いただきますが、売買のアドバイスをしっかりさせていただきます」と、**アドバイス料込みであることを強調**してきます。

これは、明らかに「手数料は高い」と言っているようなものですね。

わざわざ電話をしてまで勧誘するわけですから、それなりの手数料を取らないと割に合わないことは、少し考えれば分かることではありません。私の質問には金額でハッキリとは答えず、こちらもやはり、微妙に視点をズラしてきたか、との感想でした。

！旬ネタから、論点をズラして……

さて、ここまでの業者の言動をまとめてみましょう。

旬のテーマである、「排出権取引」という概念自体については、京都議定書や地球温暖化といったキーワードをちりばめながら、面白分かりやすく、かつ有望であると思わせる説明でした。かなり練習したのか、相当慣れている印象があったのは事実です。

しかし、排出権にまつわる話ばかりで、肝心の「実際に行う（勧誘している）取引の詳細」については何も話さず、また、肝心の手数料についても、聞かれるまでまったく触れようともしません。ついでに言うと、業者名も名乗っておりません。

これには、「ダメだな（この儲け話は、詐欺である可能性は決して低くないな）」と確信

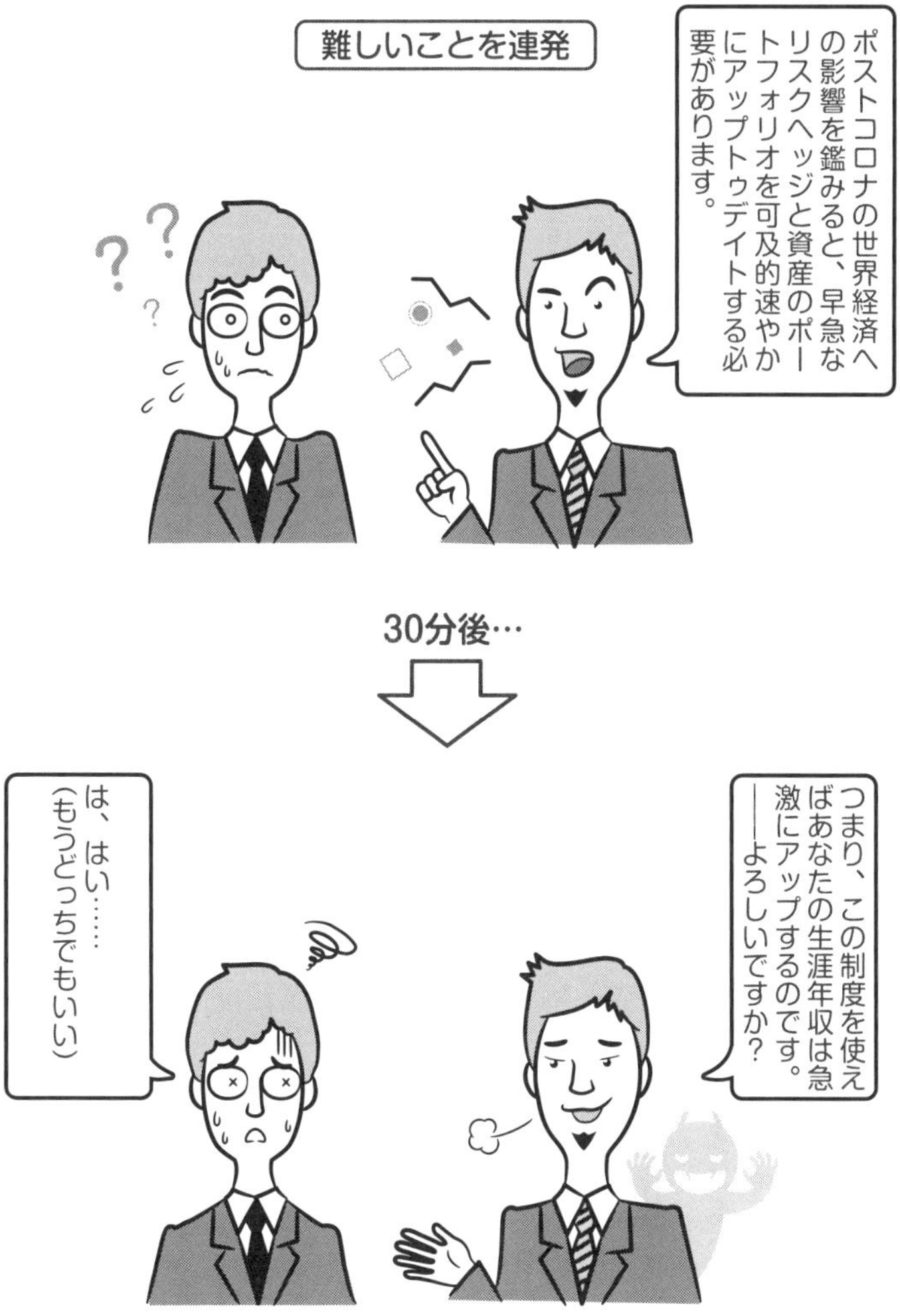
難しいことを連発
ポストコロナの世界経済への影響を鑑みると、早急なリスクヘッジと資産のポートフォリオを可及的速やかにアップトゥデイトする必要があります。

30分後…

つまり、この制度を使えばあなたの生涯年収は急激にアップするのです。――よろしいですか？

は、はい……(もうどっちでもいい)

しました。

詐欺でないにしても、少なくとも、相場より割高な手数料が取られ、しかも、（アドバイスと称してガンガン電話がかかってきて）必要以上に売買させられる危険が濃厚だと思いました。

そもそも、「まずは資金を10万円程度預けて……」ですから、さらなる入金の要求は目に見えています。また、取引詳細すら説明しないわけですから、下手すれば、（こちらの意図に反した）勝手な売買もやりかねないとも感じました。


なので残念ながら、一通り話をした結果、その業者と取引したいとは1ミリも思いませんでした。

であれば、「けっこうです」と言ってガチャリと切ればいいのですが、その日は舌の廻りが良く、せっかくなんで、もう少し話してみることにしました。

ただ、排出権取引については、もう十分です。

相手は、この旬ネタで勝負をかけてきているわけですから、そこで議論を吹っ掛けようとは思いません。

相手の土俵で勝負をしても、おそらく相手も引かず、話は平行線のままなのはわかっています。

そこで、ここは相手の武器である**旬のテーマ（排出権取引）から論点をズラして**、「手数料」「個別株式」について、こんなことを聞きました。

「情報収集・分析は自分でできるのでアドバイスは必要ないので、ネットコースなどの安い手数料体系はないのですか？　今は、ネットだと、なんでも手数料はすごく安いので」

「私は株式投資をやっていて、投資についてはそれで十分に満足しているのですが、それをあえて、絶対に儲かる保証のない、リスクのある排出権取引にまで手を出す理由ってなんですかね？」

聞きようによっては、**喧嘩を売っているかのような**質問ですね。

これに対して、納得の切り返しはあるのかと期待していたのですが、残念ながら、なかったです。

これには、「ではまた、排出権取引が気になりましたら、ご連絡くださいませ」と、結局最後まで、**業者名も連絡先を言わずに（これでは、連絡しようがない）**、静かに終了してしまいました。

相手に「こいつはダメだ」と完全に諦められたのでしょう。

！高齢者は特に要注意

この電話セールスについて、今思えば、旬のテーマともう一つ、「売買アドバイスをしっかりさせていただきます」というのも武器だったようです。そこに価値を感じてもらえれば、割高な手数料にも納得してもらえますからね。

その意味では、「自分で情報収取・分析できるので、**アドバイスはいらない**」「すでにネット株式取引で**超安価手数料に慣れている**」私は、相性としては最悪だったのかもしれません。

でも逆に言うと、「自分で情報収取・分析できないので、**アドバイスがほしい**」「ネット取引に疎く、**超安価な手手数料を知らない**」といった人は、業者にとっては相性抜群ということになります。

そう、それは一般には、高齢者ですね。

特に、新聞やテレビなどで世の中のニュースをよく追っているような人、さらには普段あまり人と話をする機会がないような人は、絶好のターゲットでしょう。

旬のテーマを騙ってセールスしてくる彼らは、世の中の動向をしっかり勉強しており、話題は豊富。そして金融経済の知識もあって、話も上手く、親切で親しみやすいときています。そんな「プロ」が、ことあるごとに電話（訪問）をしてきて、話し相手になってくれるわけですから、コロッとやられそうです。これは投資詐欺に限らず、高齢者を狙う詐欺の常套手段でもあるわけですが……。

ただ、孤独で寂しい高齢者（でもお金は持っている）が増えている中で、（本人が分かっていて）満足しているのであれば、それが絶対にダメなことかと言うと、それは難しいところです。でも、そのお代が高くつくことだけは、忘れてはいけません。

2
CHAPTER

あなたに近づき

不安を煽る投資案件には、気をつけろ！

海外投資セミナー

不安を煽る投資セミナーの、典型的パターン

私は仕事柄、というか、ただただ投資好きということもあって、これまでに様々な投資セミナーに参加してきました。

そんな中には、完全真っクロ、詐欺だったものもありました。

詐欺ではないものの極めてグレーで、多くの人が損失を被ったもの（運用失敗や割高な手数料など）もありました。

そんな投資セミナーの共通点は、**「不安を煽ってくる」**ことに尽きます。

そもそも、投資セミナーに参加するような人は、皆お金に不安があり、それをなんとかしたい（お金を増やしたい）と思っている訳です。なので、あらためて「不安を植えつける」よりも、皆が抱いている**不安を増幅させる**ような話が効果的なのです。

そして、「不安を煽る⇒その解決策として投資案件を勧めてくる」という分かりやすい**2部構成**であることが多く、その増幅させた**不安をそのまま、投資案件につなげてくる**わけです。

あやしげな健康食品の販売でも、まずはこれ見よがしにドロドロの血液などを見せて、「このままではヤバい」と露骨に不安を煽り、「でも、これを飲めば大丈夫」とばかりに健康食品を紹介します。不安を刺激するのは、あやしい儲け話の常套手段だったりします。

そして、そういったことに手慣れている業者が、「健康食品」から「投資商品」へと看板を変えて、セミナーを開催しているケースも十分に考えられます。

彼らは、世の中で話題になっていること（まさに、CHAPTER1の「旬のテーマ」）を敏感に捉え、不安を煽ること（そして、商品販売につなげていく）はお手のものですから。そのノウハウは、どんなジャンルにでも使えてしまうわけです。

不安は、裏を返せばそれは欲望でもあります。

例えば、「病気が不安だ（病気になりたくない⇒健康でありたい）」「お金が不安だ（お金で苦労したくない⇒お金持ちになりたい）」ですね。

もっとも、不安の裏にある、そんな欲望に気づいていない人も多いわけですが、不安とは、それだけ「根深い」ものだったりもするのです。

なので、**そんな不安（裏返せば欲望）で頭がいっぱい**となれば、勧められた商品について アレコレ考える余裕はなく、そのまま契約、という流れとなってしまうことが多いのです。

もちろん、それが業者の狙いでもあるわけです。

それではここで、私が実際に行った投資セミナーの中でも、「不安を煽る」投資詐欺の

不安を煽る
年金
貯蓄
株式
FX
この話だったら将来の不安も解消されるし、これからのライフプランに役立つこと間違いなしです。
は、はい……（不安かつ納得）

典型的だったものを紹介しましょう。

それは、とある海外投資のセミナー（兼海外ファンドの説明会）でした。

私の担当するＦＰ講座受講生の方が、「一人だと不安で――」ということで、さながら実践レッスンの付き添いかのごとく、私も一緒に行くことになりました。

テーマは「日本の将来と、最新の海外投資」といったもので、私も興味なくはなかったので同行したわけです。

ただ、その受講生いわく、「何かあったらアドバイスお願いしますね、藤原先生が頼りですから」と最初から逃げ腰気味でした。

これには、（私にとっては事前情報ゼロの）投資セミナーへの緊張感もさることながら、**変な責任感も負わされたたな**、と若干負担に感じました。

そしてセミナー当日、会場のあるオフィス街は晴天の昼下がりです。

参加者は、銀行や証券会社での一般的なセミナーに比べると、若干、若い人が多い感じがしました。

会場は割と広く、席もたくさん用意されていました。ただ、天気が良かったせいか、キャンセルがあったようで空席が目立ってはおりましたが、それ以外は、特に気になるところはありませんでした。

しかし、**私は、身構えておりました。**

私はＦＰというお金の専門家という立場ですから、他の参加者とは違うんだぞ（騙されないぞ）という変なプライドと、付き添ってくれと言われた元受講生への、変な責任感を背負いこんでいたのです。

さて、セミナーはまず、日本の年金制度の説明で、幕を開けました。

かつてはお神輿、それが騎馬戦となって、今や肩車状態に、とのイラストから始まりました。

これは公的年金の「支える側（現役世代）」と「支えられる側（年金世代）」のバランスが急速に悪くなってきているとの例えで、初めて聞く人にはインパクトがあるかもしれませんが、我々ＦＰもよく使う定番の説明でもあります。

そして、少子高齢化のグラフや、年金支給年齢引上げスケジュールなどの資料を挙げて、丁寧に説明していきます。

間違ったことは言っていませんし、話し方もハキハキと分かりやすいのですが、極めて「普通」です。

少子高齢化の事例を絡めながら、日本の年金制度の変遷（そして将来的な見込み）を普通に説明するだけでも、十分に不安を駆り立てるものではありますが、これには「もっと不安を煽ってもいいのに……」と、ガチガチに身構えていた私にとっては、ちょっと拍子抜けではありました。

しかし、そんな年金制度を受けて、日本の財政状況の話になったあたりから、少し雰囲気が変わります。

日本の借金は1000兆円程あって（セミナー開催時の数字）、これはGDPの約2倍というとんでない金額であり、**世界最悪**であることを、「知っていますか」的なノリで話してくるのです。

これには、「おお、いよいよきたか」と、この後の展開に、ちょっとワクワクするのでした。

そして続けて言うには、「古今東西、ここまで財政が悪化した国で、破綻しなかった国はない」と衝撃の一言でした。

ついに出ました。

国家破綻。

このキーワードを境にトーンはグッと上がります。

国家破綻となると、借金を帳消しにするために、**ハイパーインフレ**が起こりうる、と続けます。

例えば、食パン1枚が100万円となるように、お金の価値が暴落するということです。

ここで、第1次世界大戦後のドイツのハイパーインフレを持ってくるあたりが、慣れているな、といった感じでした。「薪を買うのに、マルク紙幣をリヤカーで運ぶ」「マルク紙幣を燃やしたほうが、薪を買うより安い」といったインパクトのあるエピソードには、会場も笑いに包まれます。

不謹慎な笑いではありますが、それまで真面目で固い雰囲気だったこともあって、ここで一気に空気が緩んだ感じでした。

私は**「コレは絶対にこの講師の鉄板ネタだな」**と思いつつ、会場が徐々に、主催者のペースに染まっていくのを感じていました。

そして、ハイパーインフレとなれば**超円安**となり、外貨に対しても円の価値はほぼゼロになるとのことです。

つまり、今、何もしないと、国家破綻による経済大混乱時には財産はなくなってしまうとのことで、**自らの財産は、自ら守らないといけない**、と訴えてくるのです。

国家破綻時に何が起こるかなど誰も分かりませんし、そもそも、国家破綻するか否かなども、誰にも分かりません（実際、日本の財政状況については諸説あります）。

なので当然、ここでの話は全て仮定の話です。

でも、**仮定であるからこそ、ある意味、言いたい放題言える**わけです。

そして、そんな言いたい放題の絶頂点が、**「そんな混乱を機に、中国が侵攻してくる」**というもの。

将来は「日本自治区」となってしまうかもしれない。そうなると、日本という国にしがみついていると、とんでもないことになってしまうと畳み掛けてきます。

個人的には、「話としては面白いけど、投資セミナーの枠を飛び出し過ぎだな」「ちょっと理論が飛躍し過ぎ」などと、評論家気どりで、（心の中で）主催者にダメ出しをしていました。

実は、この「中国侵攻」の話を聞いたのは、そのセミナーが初めてではありません。他の投資セミナーでも何度か耳にしており、この「中国侵攻ネタ」は、この手のセミナーの「鉄板ネタ」なのでしょう。

ただ、ハマる人にはハマる内容で、ハマってしまうと、その不安度は半端ではありません。

！こうやって素人は騙される

さて、そうやって不安がピークに達したところで、「では、我々は今、何をすべきでしょうか？」と問いかけてきます。そして、「いざというときでも資産を守り、そして増やすため、今すべきこととは？」と、少し間を取ってきます。

このあたりは、やはり、相当慣れている感じでした。

そうやって引っ張り、焦らすわけですが、参加者は皆、セミナー前から、その**「答え」は分かっているはず**です。なぜなら、セミナーのテーマは、「最新の海外投資」に他なりませんから。


ちなみに、講師の問いかけと同時に、プロジェクタのスクリーンは一足早く次のスライド（海外ファンド）に切り替わっております。これに私は、「後ろに「答え」出してるやん」と心の中で突っ込みつつ、これはミスなのか、それともボケなのか、と若干悩んいました。


そんな、**会場一体となった茶番劇**を経て、満を持して、海外ファンドの登場です。

国家破綻時のハイパーインフレ・超円安による国内（円建て）資産の暴落に備えて、資産を守り、そして増やすには、海外投資しかないと、話をヒートアップさせていきます。

そして、そこで「もう一押し」するなのが、これから紹介する「海外ファンド」という流れでした。

その海外ファンドは、**「最新の運用手法を用いたとしても凄いファンド」**とのことでした。

その運用手法とは、相場が上がろうが下がろうが、そのトレンド（方向性）をいち早く察知して、トレンドに乗って、**どんな相場状況であっても利益を出す**という、なんとも頼もしい運用手法であることをアピールしてきます。

ちなみに、これは当時流行っていた**「絶対リターンの追求」**との運用コンセプトで、これはCHAPTER1でみてきた「旬のテーマ」とも重なるところですね。

そして、そのファンドと同種のファンドの運用成績を示して、「年10％程度のリターンとなっています」と誇らしげに説明します。

ただ、そのファンド自体は設定されたばかりで、まだ運用はスタートしておらず、でも、「同種のファンドは、これだけのリターンを上げています」と、そこを強調することで運用実績がないことを隠すわけです。

あとは、AIを駆使するだの、伝説的なファンドマネージャーが監修するだの、と耳触りのよいことを並べていきます。

なんだか凄そうなファンドであることは伝わりましたが、実際の運用の詳細（具体的に、どの銘柄を、どれだけの金額、どのタイミングで）については、特に説明はありませんでした。

そして、（まだ運用前で）運用成果を担保するものはまったくなく、そもそも、資産保全の仕組みもあやしいものでした。また、入出金や配当支払いは海外の銀行経由で、資金の流れなど調べようがなく、そのあたりも不透明極まりありません。

「これは、ないな」というのが、私の結論でした。

もっとも、国家破綻を持ち出してきたあたりから、「ん?」と思い始め、ドイツのハイパーインフレのエピソードあたりから、「んん?」と思い、中国侵攻のあたりで、「これは、ないかな……」とは思っておりました。

でも「ないな」と思ったのは、私は仕事柄、この手の投資セミナーの手口をある程度知っていたからです。

そして、そのときは「付き添い人」的立場でもあって、しっかり身構えていたからこそ、冷静に判断できたのかもしれません。

これがもし、ただただ「儲かりそう」「面白そう」と、何も身構えずに、丸腰での状態で参加してしまっていれば、会場の雰囲気に乗せられていた可能性は十分にあるわけです。

実際、一緒に行った彼は、かなり引き込まれている感じでした。

セミナー終了後、「では、これから個別に手続きを……」と、**どこからともなく、ワラワラと現れた**スタッフが、申込書を持って、各机にやってきます。

これはヤバい、と思い、彼にはボソッと「これは、やめておきましょう」と諭して、スタッフと1対1の状態になる前に、そそくさと会場を後にしました。

さて、結論を言えば、その海外ファンドは、（やはりというか）どうやら**詐欺**だったようです。

聞くところによると、最新の運用手法も何も、運用の実態すらなく、集めたお金はそのまま、配当などに回している状態だったとか――。

まさに投資詐欺の、お決まりのパターンですね。

セミナーそのものは、それなりに面白く、個人的には満足ではありましたが。

この手の投資セミナーは、後半部分（商品の説明部分）はともかく、前半部分（不安を煽る部分）は、それぞれ工夫を凝らして、なかなか考えられています。緻密なデータ、あやしくも気になる裏情報・極秘情報、練り上げられた演出――。下手な資産運用の講演会などを聞きにいくより、こちらの方が面白いでしょう。もちろん、行くなら自己責任の上であることは当然ですが……。

年金不安煽り詐欺

老後2000万円問題

前述のセミナーのように、国内の厳しい「年金事情」「財政状況」といった客観的事実をことさら大げさに捉え、そこから国家破綻、そしてハイパーインフレ・超円安へとつなげ、国内（円建て）資産暴落の不安を煽るのは、投資話での定番中の定番です。

そこから投資商品（特に海外絡み）を勧めてくるわけで、先ほど紹介した海外投資セミナーなど、まさにその典型的パターンだったわけです。

ただ、このパターンはスケールが大きく、また、ある程度の経済知識が前提となるため、金融や投資に興味のある、ちょっと意識の高い人向けかもしれません。

そんなこともあって、この手の話は、比較的大きなセミナーで登場することが多いです。


小規模なセミナー、ちょっとした説明会、また個人レベルの勧誘などではそんな国家レベルではなく、もっと小規模に**家計レベルで不安を煽ってくる**ことがほとんどです。小さな集会や喫茶店などで、「国家破綻が――」などと熱く語っていると、ヤバい集団と思われかねないですし、下手すればテロ計画とカン違いされかねませんからね。


家計レベルでの不安を煽るのに、最近、よく持ち出されるのが**「老後2000万円問題」**です。

これは簡単に言うと、**「公的年金だけでは、老後の生活費は2000万円不足する」**という、金融庁からの報告書（正確には、金融審議会「市場ワーキング・グループ」報告書）に記載された、衝撃の内容です。

2019年、この数字が発表されるや否や、ニュースやワイドショー、週刊誌などでもよく取り上げられたので、誰しも一度は耳にしたことがあるはずです。その意味では、これも「旬のテーマ」であるわけです。

2000万円という金額、そして、金融庁からの報告書というインパクトは私たちに将来への不安を感じさせるには十分でした。

この衝撃の「老後2000万円問題」を掘り下げる形で、不安を煽ってくるわけです。

その2000万円の根拠は、総務省の資料（家計調査報告）から、「夫65歳・妻60歳以上の夫婦のみの無職世帯では、毎月の収支は5万円程度不足する」とのことで、これを平均余命から、「老後生活は20〜30年あると見込むと、最大2000万円程度（5万円×12カ月×30年）不足する可能性があるということ」です。

その計算はシンプルで、かつ、数字の出所は国の資料なので、**誰もが理解・納得せざるを得ない**説得力があるわけです。

これには、老後のお金について、漠然と不安に思いつつ、でも、何とかなるかな、と思っていた人（ほとんどの人がそうでしょう）は、国からガツンと**「無理です」**と言われたようで、打ちひしがれてしまうわけです。

そんな打ちひしがれた状態にしておいて、畳み掛けるかのごとく、「国は年金だけでは無理です、と言ってます」「国は一人一人が2000万円準備しておきましょう、と言っています」と、**勝手に、国の代弁をしてくる**ケースもあるので、要注意です。

そして「あなたは大丈夫ですか」と、**大丈夫ではない**ことを分かっていながら聞いてきます。

あなたは2000万円準備できますか、と、**準備できるわけない**ことを分かっていながら聞いてくるわけです。

あなたは、と聞かれると、もう完全に「自分事」ですから、目は逸らせません。

さらには、自身の数字（年金見込額や老後生活費など）を踏まえて、実際にシミュレーションしてくれることもあるでしょう。

その際には、「たまには温泉旅行」「孫へのプレゼント」など、理想のゆとりある老後生活を前提にシミュレーションするので、たいていの人は、**悲惨な結果**となります。

そうなると、これまで漠然としていた不安が、ハッキリとした数字で目の当たりとなり、クッキリと輪郭を帯びてくるわけです。

そして、「なんとかしなければ（なんとか、ならないものか）――」とうろたえているところに、「大丈夫です、なんとかなりますよ」と言われれば、聞く耳を持ってしまうわけです。

そこで、**「iDeCo（個人型確定拠出年金）」や「つみたてNISA」**を勧めてくる業者であれば、それは**信頼・信用しても良い**でしょう。

本書ではその詳細は割愛しますが、いずれも節税効果抜群の積立制度で、低コストで、コツコツ手堅く資産形成ができる優れた制度です。

ただ、提案する側からすれば、実入りは少なく儲かるものではありません。

それゆえに、これらの制度を勧めてくれれば、それは、本当に相手の立場に立って、アドバイスしてくれる業者と言えます。これは安心しても良いでしょう。

当然、我々FPも、老後不安の解決策としては、まずは「iDeCo」「つみたてNISA」を検討しますし、私自身も、身をもって実践している制度でもあります。

！気をつけるべき儲け話

気を付けるべきは、そこで、**「しっかり増やしましょう」**と、投資話を持ってくるケースです。

老後2000万円問題から不安を煽るケースだと、**「年金を増やしましょう」**と、定期的な収益が見込める投資話を持ってくることが少なくありません。

毎月分配型ファンドに変額個人年金保険、そして、不動産投資。

特に不動産投資など、「家賃収入を、将来の年金に」と、かなり条件の良い、というか、あり得ないほど都合のよい案件（利回り10％で、ローン返済後はマンションが自分のものに、など）もありますが、それらは詐欺まがいの可能性が十分あります。

普段の冷静な状態なら、まず聞いてもらえないような投資話でも、**不安で頭がいっぱいの状態**であれば、心のガードが下がり、聞いてしまうかもしれません。

また、詐欺でないにしても、ここぞとばかりに、**業者が「売りたい商品」**を提案してくることも少なくありません。

それらは一見、魅力的な商品なのですが、よく調べれば、**「手数料が高い」「リスクが大きい」**ものがほとんどです。

そして、提案する側からすれば実入りは多く、提案する側が儲かるものです。

実際、前述の毎月分配型ファンドや変額個人年金保険などは、かなりの手数料となります（しかも、商品設計が複雑で、手数料が分かりにくい）。

不安につけこまれると、そんな不利な投資話に乗っかってしまう可能性もあるので、要注意です。

もっとも、我々FPも、相談やセミナーの場で、多少は不安を煽る――とまでいかなくても、不安を直視いただくことはあります。

さすがに、前述の「国家破綻」「中国侵攻」などを持ち出すことはないですが、公的年金だけに頼るリスクや円建て資産のみで運用するリスクについては触れることもあります。

また、老後2000万円問題をきっかけに、自身のライフプランと現状を把握いただくことは、まさにファイナンシャル・プランニングの基本的な流れといってよいでしょう。

なので、不安を煽ってくるものすべてがダメというわけでありません。

それでは、不安を煽ってくるようなケースでも、「まとも」なケースと、「詐欺の類や、不誠実」なケースとでは、どこが違うのでしょうか。


それは、詐欺の類では、その**不安の煽り方が露骨で大げさ**、というものありますが、それに加えて、**「非日常」の演出**といった特徴が挙げられます。中には、冷静な状態であれば、一笑に付するようなものもありますが、不安で頭がいっぱいだと、逆にそれが希望となってしまうようなものもあるので要注意です。

「非日常」を演出してくる詐欺の類は、「劇場型詐欺」と言い換えてもいいでしょう。それでは次項目で、そんな「劇場型詐欺」の具体例を見ていきたいと思います。

劇場型詐欺

著名人とのつながりをアピールしてくる

パンフレットなどに著名人が載っていたり、社長が著名人と知り合いだったり――。儲け話で著名人とのつながりをアピールしてくるケースは少なくありません。

ただ、ハッキリ言って、著名人とのつながりは、その**投資話の良し悪しとは、何の関係もありません**。

なので、冷静に捉えれば、そんなつながりを、これ見よがしにアピールしてくるのは、逆にあやしいわけです。

著名人の知名度を借りて、なんとか信用を、箔を付けようとしているのがミエミエですから。

中には、ちょっとしたパーティーで名刺交換をしただけの著名人と2ショット写真を撮ってもらい、それを、さも「この人と仲良いんだぞ!」と嘯《うそぶ》くケースも多いので要注意です。

しかし、不安で頭がいっぱいで、しかも、よく分からない投資話を前にして心が揺らいでいるときには、**「自分がよく知っているもの（人）」を見ると安心する**ようで、警戒心も緩まってしまうわけです。

ちなみに、著名人にはなぜか、元プロスポーツ選手や演歌歌手が多いような気がします。あと、皇族関係や歴史的人物の末裔、華道や茶道の家元など、一般には知名度は低い、というかゼロであっても、なんだか凄そうな人が登場することもあるので要注意です。演出の仕様によっては、中途半端な著名人よりも、こっちのほうが迫力あります。もっとも、その人がどの程度凄い人かどうかは、調べようがないですが……。

私は一度だけですが、「著名人」と会ったことがあります。

とある投資セミナー終了後の懇親会で、茶道の家元と言う方と、名刺交換をさせていただきました。主催者曰く、「この方にも出資いただいている」とのことでした。

流派は忘れてしまいましたが、表千家でも裏千家でもなかったことは、確かです。

彼の名刺には、ただただ、中央に大きく、名前が書かれているだけ。住所、電話番号、肩書は一切なし。なんでも、その人クラスになると、**「名前だけで十分」**らしいです。

ただ、その人自身は、特段オーラがあるわけではなく、はた目には**「会場で一人だけ着物を着たおじさん」**ではありましたが……。

ちなみに、帰ってからネットでその名前を検索しても、何も出てきませんでした。

それでも、私にとっては、茶道の家元など、これまで会ったことなどなかったわけですから、不覚にも**「凄い人と名刺交換したよ」**と浮かれてしまったことは、確かではあります。

これが、誰もが知るような著名人であれば、もっと浮かれていたことは間違いありません。

その経験からすれば、やはり、著名人とのつながりは、それなりに効果があるのかな、と思ってしまうわけです。

ちなみに、昔ながらの儲け話（株や金など）には高齢者が多いせいか、演歌歌手などを取り込み、今どきの儲け話（FXや仮想通貨など）には若者が多いせいか、アーティストや芸人などを引っ張ってくるケースが目立つような気がします。

そのあたり、ターゲットとなる顧客層に響くように人選を世代に合せて考えているわけです。

! カリスマ性を前面に出してくる

不安感に陥った人は、**何かにすがりたくなる**ものです。

そこで、心を鷲掴みにされるような、カリスマ的な人物が現れたらなら、身も心も、そしてお金までも差し出してしまいかねないわけです。

騙す側にしてみれば、とにかく、心酔させられればこっちのもので、あとはどんな理屈でも通ってしまうもの。

例えば以前、私の知人は、**「考えるんではない。感じるんだ」**といって投資をさせる、とんでもない勧誘を受けたそうです。そんなメチャクチャな勧誘でも、カリスマに心酔してしまった人は、受け入れてしまうわけです。

有名なところだと、「最高ですか〜!?」の掛け声で一時、ワイドショーや週刊誌でバンバン取り上げられた、「法の華」巨額詐欺事件の福永法源がわかりやすい例です。比較的最近だと、「キング」と呼ばれ、圧倒的なカリスマ性を誇っていた会長が逮捕された巨額詐欺事件もありました（テキシアジャパン）。

いずれも巨額投資詐欺事件であり、また、そのカリスマキャラが立っていたので、ニュースにもなりましたが、実際のところ、そんな大掛かりで、際立った案件はごく稀でしょう。我々が遭遇する可能性も低いと言えます。

それよりも、我々が気を付けるべきは、もっと**小粒なカリスマ、身近なカリスマ**です。

ここ最近、ネット環境の目覚ましい向上や、FXや仮想通貨といった新たな投資の登場によって、個人でも莫大な収益を上げる人が増えてきました。

それを、「私が〇〇万円稼いだ方法、教えます」的な手法で、勧誘してくるわけです。

投資スキームで区分すれば、CHAPTER1のFXの項目でも紹介した、投資スクールや情報商材販売の類です。

その中には、**主催者のキャラやストーリーを前面に出してくる**ものも少なくありません。

派手なサングラスや衣装、スポーツカーや腕時計。

世界中を自由に飛び回り、時間と場所に縛られず、ノートパソコンひとつで数億円を稼ぎ出す。

かつては貧乏だったが、とあるメンターと出会って、人生が一変。

中には、明らかにムリして虚像を作ろうとしているような、突っ込みどころ満載のイタイものもありますが、そのキャラやストーリーがハマれば、その**ハマった人にしてみれば、立派なカリスマ**となるわけです。

そう、今や**誰もがカリスマになれる時代**でもあるのです。

ただ、中には、そのカリスマ性ばかりが前面に出ていて、肝心の中身（具体的な運用手法など）が薄いものも少なくありません。

ヒドイ場合だと、中身がほとんどないものもあります。その場合は「これは間違いなく詐欺です」となります。

その手のものは、「これだけ稼ぎました」と自身の華々しい実績をアピールした上で、その実績を土台に、自身のカリスマ性を猛アピールしてくるわけです。ただ、その実績が本当だったとしても、それは多くの場合、**「そのときに（限られた状況で）成功した」運用法**に過ぎません。

断言しますが、**「いつでも」「どこでも」通用する投資必勝法など、この地球上に絶対**

にありません。

なので、自身の運用手法を投資必勝法と言ってアピールし、また、そんな必勝法を編み出した私は凄いというノリでアピールしているものは、要注意です。

！投資話のスケールが大き過ぎる

徳川埋蔵金、沈没船引上げ、M資金――。こういったスケールの大きな、というか**大き過ぎて思考の枠外**となってしまうような投資話は、昭和の時代から脈々と続き、令和の世になっても、決して途絶えることはありません。

徳川埋蔵金のありかが分かったそうです。その発掘作業に出資しませんか？

財宝を積んでいる可能性のある沈没船引上げプロジェクトに出資しませんか？

M資金を運用しているファンドに出資しませんか？

この手の投資話は、あまりにも荒唐無稽ですし、言ってしまえば、都市伝説です。**10 0％詐欺**と思ってよいでしょう。

なので、普通に考えれば、騙される人は少ないでしょう。

しかし、普通に考えられる状態でなければ――。

国家破綻、ハイパーインフレ――。そういったスケールの大きな視野で不安を煽られ、**脳が現実離れしている状態（非日常状態）**だと、そういった現実離れした話も、受け入れてしまう可能性が十分考えられるので、気をつけないといけません。

実際、この手の詐欺が昔からずっとあるということは、それだけ、多くの人が騙され続けているということです。

また、この手の詐欺は、巨額投資詐欺事件に多いのも特徴です。

そして、社会的地位のある人に被害者が多いのも特徴と言われています。

これは、**「自分だからこそ一般には絶対に出回らない話が巡ってきた」**と、優越感をくすぐられることで、警戒心が緩んでしまうからでしょうか。

そうだとすれば、自分は偉いんだぞ、と思っているプライドの高い人は、危ないかもしれませんね。

スケールの大きな、というか大き過ぎる投資話は、その内容は**超極秘事項**であり、実際の作業は**「極秘に進める」**というのが常套句です。それで、事業内容への細かい追求をあらかじめシャットアウトしておき、その実態を把握されないように仕組まれているケースがほとんどです。

これは、用意周到と言えばそうですが、逆に、そのような勧誘がきた場合は、これは完全にアウトだな、と判断できるので好都合です。

もっとも、不安で頭がいっぱいで、かつ、スケールの大きな話にロマンを感じて、思考停止状態になってしまっていては、相手の思うツボなわけです。

あと、不安を煽ってくる投資詐欺の特徴としては、ここまで見てきた以外だと——。

「特典が豪華過ぎる」
「やたらと契約を焦らす」

「パンフレットなどの資料がやたらと豪華」
「公的なイメージを匂わせる（日本〇〇機構や公益法人××センターなど）」
「運用の詳細について説明少なし（もしくは説明なし）」
「海外案件（海外ファンド・外国の保険など）である」

けっこうたくさん、ございます。

これらは「不安を煽ってくる投資詐欺」に限らず、投資詐欺の類ではよく出くわすパターンでもあります。

もちろん、これらの特徴があるからと言って、その全てが詐欺というわけではありません。でも、意識はしておきたいところですね。

ちなみに、一つ目の「特典が豪華過ぎる」というのは、新規契約特典や追加出資特典もさることながら、特に継続特典には注意が必要です。なぜなら投資詐欺は、**資金を引き揚げられると、メチャクチャ困る**から。

投資詐欺の多くは自転車操業状態であり、事業や運用の実態はなく、新規の入金で、配当などを賄っている状態です。

なので、新規入金が途絶えるのもキツイですが、それは、これまでの蓄えで何とか凌《しの》げます（少しは時間を稼げます）。しかし、資金を引き揚げられると、払出しをしないといけないので、**資金繰りが一気に苦しくなる**わけですね。

そんな事情から、中途換金など、まず不可能な契約になっていることでしょう。

また、満期がきても、あの手この手で、つなぎとめようと（継続してもらおうと）するケースが多いわけです。

その**つなぎとめ手段の一つが継続特典**なわけですが、それが、あまりにも「必死さ」を感じ取れるような豪華な特典となっていくようだと、これはヤバいと思ったほうがよいでしょう。

❗業者の「土俵」に乗らないこと！

なぜ、投資詐欺の類は、ことさらに「不安を煽ってくる」のでしょうか？

それは、前述したように、不安で頭をいっぱいにさせて、あまり**アレコレ考えさせないようにするため**（思考停止にするため）です。

さらに言えば、突っ込まれたくないところから、**目を逸らさせるため**でもあります。

詐欺の類であれば、必ず、どこかに矛盾があるわけで、そこを徹底的に突っ込まれるとボロができます。それを避けるためです。

「アレコレ考えさせず、思考停止にさせる」「突っ込まれたくないところから、目を逸らさせる」――。そうすることで、業者の**「土俵」に乗せてこよう**ともするわけです。

土俵とは、その業者の**得意分野**のこと、つまり、念入りに設定された舞台のことです。

その土俵上であれば、すなわち、業者の得意分野でのやり取りとなれば、業者の戦闘力は5割増しにはなることでしょう。

土俵に乗せられてしまっては、いくら知識や経験があっても、コロッと騙されてしまう可能性大なのです。

例えば、未公開株投資の勧誘であれば、業者の土俵は、「その企業が、いかに凄い企業であるか」です。

その土俵に乗せられては（その企業そのものに興味を持ってしまっては）、その企業の特許技術だの、社長のプロフィールだの、そこは、業者は念入りに作り込んでいるわけですから、説得・納得させられてしまう可能性が高くなります。

ですので、相手の土俵を見抜き（たいてい、やたらとアピールしてくるところが、そう）、そして絶対に、その**土俵に乗らないことが大切**です。

私も、そこは一番警戒しているところです。

しかし、それだけ警戒していたにもかかわらず、実は過去に一度、完全に土俵に乗せられて、コロッとやられたことがあります。

不安とは、なにも「お金」に関することだけではありません。

想定外のシチュエーションで、思いがけない不安を煽られ、大失敗した経験があります。

その苦い体験談については、また、CHAPTER5にて紹介します。

3
CHAPTER

気がつけば騙されている

ビジネス系投資には、気をつけろ！

福利厚生サービス会員

あまりにも魅力的な、福利厚生サービス

「ご無沙汰しております、いかがお過ごしですか。もしお時間ございましたら、久しぶりにお会いしませんか」

以前に何度か、一緒に仕事をしたファイナンシャルプランナーの方から連絡がありました。

彼と最後に会ったのは2年程前だったので、確かに「ご無沙汰だなぁ」と思いつつも、

何かお仕事の話かな、と期待しつつ、再会の約束をしました。

そして当日、約束時間10分前には着いたのですが、待ち合わせ先の高級喫茶店「英國屋」のふかふかのソファーには、極端に浅く腰をかけていた彼が、すでに待っておりました。

そして私を見るや否や、浅くかけた腰をサッと起こし、再会の握手を求めてきたのです。

あれっ、この人、こんなノリだったかな、とちょっと違和感を覚えつつも、2年振りの再会ということで、最初は、それなりに楽しく時を過ごしておりました。

しかし、話をしていると、時折、「生き残るのは、強いものではなく、変化できるものなのですよ」など、とってつけたかのような自己啓発的な発言が鼻につくのです。そして、やたらと、**「最近、現状に満足していますか？」的な発言**を繰り返してきます。

これには、「んっ？　なんだか変だぞ、ひょっとしたら、自己啓発セミナーかなんかの勧誘か？　いや、宗教の勧誘か？」と、心がザワつきます。
そうなると、彼の鞄には何が入っているのか――。気になって仕方ありません。
そんな私の目線を察したのか、話が一区切りついたところで、彼はおもむろに、その鞄から分厚いパンフレットを取り出してきたのです。

おお、やっぱり来たかと、期待と不安が入り混じった思いで、彼の一挙手一投足に注目せざるを得ませんでした。

出てきたのは、とある**福利厚生サービスの会員パンフレット**でした。
とりあえずは、宗教関連ではなくてホッとしましたが、福利厚生サービスとは、全くの予想外でした。

そして、そのパンフレットを机に大きく広げ、「FPの藤原さんなら、パンフレットを見ればすぐに理解されると思いますが……」と、微妙にヨイショしながら、説明が始まりました。

ザックリ言えば、入会して会員となり、毎月4000円程度の掛金を払うだけで、結婚・出産・入学・卒業といったライフイベント毎に5000円~30000円程のお金を受け取れるということです。さらに結婚式やお葬式についてもいろいろサポートがあり、傷害保険や賠償責任保険もついており、健康診断やメディカルコール、諸々の福祉支援の補助もあります。さらには、旅行・グルメ・レジャー・映画・車購入・ネットショッピングなど、全国数十万カ所にて会員優待価格で利用できるなどサービスがてんこ盛りです。凄まじいほどの盛りだくさんのサービス内容ながら、その仕組みそのものはシンプルで分かりやすく、(別に私でなくても)誰でも理解できるものでした。

ただ、そんな福利厚生サービスの説明はそこそこに、続けざまに出てきたセリフが、こちらです。

「藤原さんにはぜひとも**〝特別な会員〟になっていただき、一緒にビジネスをやりたい**んですよ」。

特別な会員となれば、この福利厚生サービスのビジネスに参加できるとのことでした。

そのビジネスとは、**「この福利厚生サービスの良さを伝える仕事」**とのことで、まぁ、ぶっちゃけて言えば、新たに会員を勧誘して、その成果に応じてコミッション収入が得られるというものでした。

そして、「このビジネスの話は少々複雑なので、ここはしっかり説明させてもらいます」とのことでしたが、いやはや、少々どころか、こちらはかなり複雑でした。

ただ、分かったことは、ビジネスとの体での説明でしたが、**内容的には明らかに投資そのもの**です。

まず会員となるには費用（登録料＋毎月掛金）を負担し、そして、実績次第で収益（コミッション収入）が変動するわけですから。もっとも彼は、これは「ビジネス」、さらには「福利厚生サービスを通じて、世の中を良くする使命」だと言うのですが——。

これには、FP関連の仕事を持ってきてくれたのかな、と思っていただけに（一方的に期待していただけですが）、これは**ただの投資の勧誘だろ**、と、ちょっと腹が立ってきたわけです。

ただ、その福利厚生サービスそのものは、（FPの視点からも）非常に魅力的で、そして報酬システムも細かく考えられていて、やりようによって大きな収益を上げられるものでした。

なので、全く興味・関心がなかったわけではありませんでした。

そこで、帰ってからすぐに、その福利厚生サービス（＋会員勧誘のビジネス）を、ネットで徹底的に調べてみたのです。

結論から言えば、明らかな「投資詐欺」というわけではありませんでした。

ただ、**強引な勧誘や、誤解を招く勧誘、そして、ややこしい報酬システムを勘違いして受け取れる報酬が想定外に少なかった人がわんさかといた**ことからか、その評判はすこぶる悪いものでした。そんなことから、「騙された」「詐欺だ」との書き込みも多数あり、被害者の会のようなものまでもあって、ネットでは相当叩かれていたのでした。

もっとも、それらは帰ってから調べて分かったことで、勧誘を受けている時点では、そんな悪評は全く知りません。

しかし、彼からの「藤原さんのお知り合いに、絶対に喜ばれますよ！」「このビジネスは、藤原さんの新たな収益源になりますよ！」と、（勧誘してきたわりには）やたらと自信満々での上から目線のトークっぷりに嫌気がさしてきて、ちょっと嫌味をかましつつ、その場でキッパリお断りさせていただいたのでした。

ネットワークビジネス

ビジネス系投資とは？

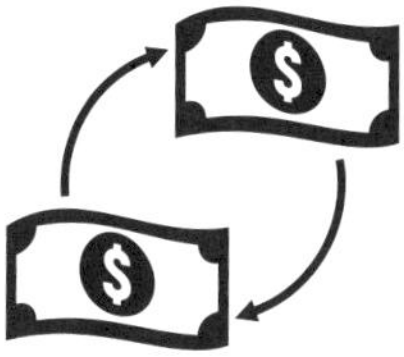

さて、ここでは、あやしい投資ジャンルの一つとして、「ビジネス系投資」を紹介したいと思います。

ビジネス系投資とは、**「ただお金を出すだけではなく、自らも動いて、その成果として報酬を得るというもの」**です。

一般には、そのビジネスに参画するには資金（入会金や登録料、会費など）が必要で、収益はもちろん、そのビジネスの成果次第です。すなわち、「お金を出して、実績次第でリターンが得られる」という視点からは、これは大きな括《くく》りとして、「投資」と言えるでしょう。「ビジネス系投資」と命名します。

ただ、通常の投資と違って、その実績によっては、**年収数千万円クラスの莫大な収益が期待でき、また、名誉・やりがいといった自己肯定感も得られる**ことから、特に、いわゆる「意識高い系の若者」にウケが良いようです。

具体的には、化粧品や健康食品、洗剤などの販売が有名です。

ただ、それらの商品を売るだけでは、一般には、それほど大きな収益は見込めません。

ビジネス系投資で大きな収益が見込めるのは、「商品を売る」よりも、**「販売する人（一緒にビジネスをやる人）を勧誘する」**ケースが多いのです。なぜなら、そちらのほうが報酬（コミッション）が高いケースがほとんどだからです。

ちなみに、そのビジネスに関わるには、入会金や登録料、また、最初に商品を一定数量購入するなど、それなりの費用がかかるケースが少なくありません。そして、その費用が、勧誘した人の報酬源となるわけです――。

そう、パッと思い浮かぶのが、いわゆる**ネットワークビジネス**ですね。

ネットワークビジネスそのものについては後で詳しく説明するとして、最近では、従来からの化粧品や健康食品以外にも、太陽光発電システムや仮想通貨など、あの手この手の商材が見受けられます。冒頭で触れた福利厚生サービスも、まさにこの一形態と言えるでしょう。

ただ、取り扱う商品は多種多様であっても、仕組みそのものは、ネットワークビジネスであることがほとんどです。すなわち、**ビジネス系投資については、その多くに、ネットワークビジネス的な要素が絡んでいる**と言えるのです。

そして、このビジネス系投資で注意すべきは、その商材やシステムそのものよりも、**ビジネスとして勧誘してくる人**、その人自身です。

なぜなら、ネットワークビジネスそのものは、合法だからです。

もちろん、中には詐欺的なもの（というか詐欺そのもの）もありますが、それらはちょっと調べれば、すぐに分かることがほとんどです。

なぜなら、ネットワークビジネスは、そのネットワークとの名のとおり、**多くの人が絡むので情報が出回りやすい**からです。悪い評判があれば、それはすぐに見つかってしまうのです。そして、悪い評判が多いということは、実際、それだけ被害を被っている人が多いということなので、詐欺である可能性が高く、詐欺でないにしても、それは避けた方が賢明でしょう。


しかし、勧誘してくる人、その人自身の情報は、（よほど悪質で有名な人でない限り）出回ってはいません。

なので、気を付けるべきは、勧誘してくる人そのもの（そしてその手口）で、そこはあなた自身でしっかりと見極めないといけないのです。

勧誘してくる人の中には、自分が儲けるために、**あなたを利用しようと、食い物にしようと、踏み台にしよう**としてくる人もいます。彼らは言葉巧みに、あの手この手で興味関心を引きながら、近寄ってくるでしょうし、場合によっては、**騙してまで、勧誘してくる**かもしれません。

そこまで悪質でなくても、基本的には皆、まずは「自分が儲ける」ことを考えているので、こちらの都合を、そこまで真剣に考えてくれるケースは少ないでしょう（そんな話にホイホイ乗っかると、たいてい被害を被ります）。ビジネスの仕組みそのものは合法（が多い）だけに、通常の投資詐欺そのものよりも、性質《タチ》が悪いかもしれません。

中には、本心から、「商品が素晴らしいので、ぜひ！」「絶対にこのシステムは儲かるので、ぜひ！」と、本当にその商品やシステムに心酔して（洗脳されて）、勧誘してくる人もいます。

ただ、これはこれで、いくら断っても、「いや、とにかく試してみて！」「いや、絶対に儲かるから！」と一方的にまくしたててきて、建設的な会話ができないケースも多いので、ある意味、「利用してやろう」と思って近寄ってくる人よりも、やっかいかもしれません。

それでは、そんなビジネス系投資を勧誘してくる人でこれはヤバいと思うパターンを、いくつか紹介していきましょう。

！報酬体系ばかりを、強調してくる

そのビジネスで扱う商品が、本当に魅力的な商品と思っているのであれば、自ずと、その商品そのものの説明に熱が入るはずです。それなのに、商品の説明はそこそこに、**報酬体系（とくに勧誘時の報酬体系）の話ばかりしてくるのは、なんだかオカシイ**ですよね。

そんな人には要注意――。でも残念ながら、そんな人が多いのも事実です。

冒頭の方も、まさにそんな人でした。

私は、商材である福利厚生サービスに興味があったのに、その説明はそこそこで切上げ、「では、藤原さんも気になっている報酬についてですが……」と、さぁ、いよいよご期待の報酬の話ですよ、と言わんばかりの雰囲気で、変に盛り上げてくるのがちょっと滑稽でもありました。

「いや、複利厚生サービスについて、私、まだいろいろ質問していたよね。この人、こちらの雰囲気を察しないのか――」と思いながらも、彼はすでに前のめり。懐から高そうなペンを取り出し、これまた高そうな革張りの小さなメモ帳をビリっと1枚破って、説明が始まりました。

報酬体系の基本としては、特別会員となって会員を勧誘すれば、その会員の払った掛金の一部が、報酬として受け取れるというものでした。そして、自分が勧誘した会員（子会員）が勧誘した会員（孫会員）の掛金の一部も、自分の報酬となり、さらにはその会員（孫会員）が勧誘した会員（曾孫会員）の掛金の一部も……と、**ドンドン会員が増えていく家系図のような図**を、サラサラと慣れた手つきで、メモ帳に書いていくのです。

藤原さんが3人勧誘して、その3人がさらに3人勧誘して、と聞いているうちに、**「ん、これはネズミ講では……」**と思ったわけですが、そんな雰囲気を察したのか、「いや、これはネズミ講ではないですよ」とキッパリ否定。ここでは敏感に、こちらの雰囲気を察してくるんだ、ちょっとビックリしました。

そして、ネズミ講のことなど何も聞いていないのに、これはネズミ講ではないことを力説してきます。

聞かれてもいないことを、言い訳がましくベラベラと話す様子は、逆に、あやしさ満点でした。

実際、負い目があると、そこを突っ込まれてもいないのに、**自分からやたらと弁明してくる**人は多いものですが、これには、そこに負い目があるということか――と思わざるを得ませんでした。

さて、そんな弁明も挟みつつ、さらに説明は続きます。

会員ランクは複数あって、そのランクによって報酬の計算基準は異なり、また、自分が勧誘した会員同士のつながりや、その勧誘口数・会員ランクによっても、計算基準は大きく変わってくるとのこと。また、様々なボーナス報酬があるものの、その報酬の計算においても、ポイント制度や分配率といった独自のシステムがあって、とにかく複雑怪奇なシステムでした。

この報酬は○○のときに発生する、しかし××時には発生しない、ただし例外として□□の場合は発生する、でも△△には50%のみ、といった具合に、やたら要件が多く、まるで**複雑なカードゲームのルール**を聞いているようでもありました。

彼はメモ帳を次々とビリビリ破いて、その紙にイメージ図をせっせと書いてくれるのですが、もっと大きなメモ帳を使えば、そんなに破らなくてもいいのに……と、集中力が途切れてきたせいか、そんなことを思いながら、聞いておりました。

そんな説明の中、**「報酬は月500万円が上限なんですよね。へへっ」**との、彼の薄ら笑いが、いまだに脳裏に焼き付いております。

なぜ、そこで笑うのか……。まぁ、彼にとっては説明のクライマックスだったのでしょう。

会員となって月額4000円程度の掛金を払えば、なんと**年収6000万円も夢ではない**、と語る彼のドヤ顔も、いまだに忘れられません。

あと、彼がドヤ顔でやたら強調してきたのが、「収入の逆転システム」です。

一般的なネットワークビジネスでは、先に会員となった人の収入を超えることは不可能だが、このビジネスではそれが可能であると強調してくるのです。

つまり、**下剋上が可能なのです**、と切れ味鋭いキーワードで攻めてきます。

「下剋上」とは、おそらく、いろいろ悩んだ挙句に彼が選んだキーワードなのでしょうが、この言葉のチョイスは、それなりに私の心に刺さりました。しかしその後、「なので藤原さんも、私を超えることが可能なんですよ」と、なんだか、俺を超えてみろ的なニュアンスが腹立たしく、せっかく心に刺さったキーワードも台無しでしたが。

その下剋上（収入の逆転システム）の計算基準や要件も他のルールと同様にややこしく、詳細はスッカリ忘れてしまいましたが、たしかに理論上は可能で、そのときは納得した覚えがあります。

また、前述の年収6000万円についても理論上は可能で、報酬システム全体としては、ヤル気を奮い立たせるべく、「よくできているな」との印象ではありました。

ただ、最初に世間話5分、商品説明10分、そこからずっと報酬体系の話が続くわけで、私はその福利厚生サービスに興味があっただけに、これは興ざめでした。

！勧誘してくるのに、宣伝・拡散は嫌がる――

こんな魅力的な福利厚生サービスなのに、この人は、FPの立場でもっとしっかり説明はしないのか……と、同じFPとして、その福利厚生サービスをスルーして報酬の話ばかりする彼に嫌気がさしてきたこともあり、ちょっと意地悪なことを言ってみました。

「なるほど、よくできた報酬システムですね、なんだかゲームみたいで面白いです。せっかくなんで、今日聞かせていただいたお話、私のブログでも書いていいですか？　もちろん、しっかり宣伝させていただきますんで」、と。

彼の説明だと、今回勧誘してきたビジネスは、「この福利厚生サービスの良さを伝える仕事」だったはず。

であれば、ブログで拡散すれば、これは多くの人に伝えることができるので、喜んでOKするはずなのですが――。

ちなみに、その勧誘してきた方を、Aさん、とします。

A：「いや、それはちょっと……」

歯切れが悪い、です。

A：「このビジネスについては、こうやってきちんとお会いして、面と向かって説明させていただいているので……」

つまりは、やめてくれ、ということですね。

私：「ネットで、不特定多数への情報発信はマズイということですかね？」

A：「はい、ご遠慮いただければ――」

私：「じゃぁ、私の周りで、興味ありそうな人に、今日のこと、宣伝しておきますね！」

A：「いや、それはちょっと……。藤原さんにだからこそ、聞いていただきたかったお話でして」

とにかく、ヒシヒシと感じたのが、Aさんは、**自分がこのビジネスの勧誘をしている**

ことを知られたくはないのかな、ということでした。

私：「そうですか。ただ、私は立場上、特定の商品の販売はしたくないんですよね。でも、サービスは魅力的だし、報酬体系もよくできていて面白いと思っています。じゃぁ、宣伝ではなく、あくまでも個人的な体験として、今日のこと、ブログで書いてもいいですか？」

A：「えっ、いや、それもちょっと……」

まさに攻守逆転、Aさんはすっかりトーンダウンです。

私：「そうですか、私だけでなく、もっと多くの人に知っていただきたい、いいお話なんですけどね」

と、ちょっと皮肉を言いつつ、丁重にお断りさせていただきました。

本当に素晴らしい商材だと、そして素晴らしいビジネスだと思っており、自信をもって勧誘しているのであれば、アチコチで宣伝してもらえるのであれば、嬉しいはずです。それを嫌がるということは、自分が勧誘していることを大っぴらにしたくはない、何かがあるということでしょうか。


そんな後ろめたい、何かある人は、少なくありません。

実際、私が受けたビジネス系投資の勧誘者も多くはそんな人でした。

そして、そんな人に対しては、前述のようなやり取りをすることで、主導権を取ることができ、後腐れなく断ることができております。

どうしても断り切れないときの、一つの対処法として、参考になれば幸いです。

！「一緒に頑張ろう！」は、要注意！

「一緒に、頑張りましょう！」

「ウィンウィンの関係に、なりましょう！」

これらは、**ビジネス系投資の勧誘の常套句**です。

あなたの味方ですよ、最大限サポートしますよ、という雰囲気とともに一体感を醸し出し、耳障りもよく、グッとその気にさせる効果もあります。

しかし、これらは危険な言葉です。

そんな言葉の裏には、仲間であると警戒心を緩めさせ、うまく利用してやろうとの魂胆が見え隠れするケースも少なくないからです。

個人的には、特に「ウィンウィン」を強調してくる人には警戒をしております。

彼らは、「あなたにとってこんなイイコトあるよ」と、こちらのメリットを強調してくる裏で、それ以上に得られる自分たちのメリット（たいていの場合、こちらが頑張るほど、勧誘してくる人が潤う仕組み）については口を閉ざしています。

そして、そういった言葉を使ってくる人に限って、**何の実績も挙げていない人**か（会員ランクでいうと最下位層）、もしくは、**そのビジネスを始めたばっかりの人**だったりするわけです。

なので、彼らの知識や経験は乏しく、そして余裕もないので、こちらが何らかの有益なアドバイスや紹介を受けられることはなく、**ただただ利用されるだけ**。

また、そんな人たちに限って、（何もない自分を大きく見せるためか）威勢が良く、「月収7ケタ行きますよ」「税理士さんつけたほうがいいですよ」など、やたらとビックマウスだったりもします。

実際、そんな方々からも、何度も勧誘を受けてきた私は、今では、彼らにはこう聞いています。

「あなたのランク（月収）は、どのくらいですか？」

もちろん、その場の雰囲気やタイミングで、若干、聞く内容（聞き方）は変えてはいますが、要は、「あなたのポジションは、今どの程度か?」を聞くようにしています。

これには、たいていの場合、「いや、私はまだそれほど……」と歯切れが悪くなって、トーンダウンすることがほとんどです。

中には、「まだ始めたばかりなので収入はありませんが、これから頑張ろうと思っています!」と正直な前向きの人もいますが、彼らには、こう言って断っております。

「そうですか。ただ、私としては、一緒にやるとしたら、やはり実績と経験のある人だとが安心ですので、○○(具体的な会員ランクや月収)くらいになりましたら、また、お声がけいただければ幸いです。ぜひ、頑張ってください!」、と――。

丁寧な言い回しですが、要は、**「実績上げてから、出直してこい!」**ですね。

ちなみにその後、連絡をくれた人は、ただの一人もおりません――。もし、「ご無沙汰です、○○達成しましたので、またお話聞いてもらえますか?」との連絡がくれば、ちょっとは考えようかな、と期待しているだけに、残念です。

さて、冒頭のAさん（福利厚生サービスの勧誘者）も、「これはお互いにとって、悪い話ではないですよね」と、遠回しにねちっこく、ウィンウィンの関係をほのめかしてきました。

ただ、「これで藤原さんも、かなり助かるんではないですか？」と、その方が年配だったせいか、上から目線での言い回しがうっとうしく（実績ある人でも、この人の子会員にはなりたくないなと思い）、特に会員ランクや月収などは聞きませんでした。

一方で、これまで私が勧誘を受けた中でも、比較的若い方（20～30代）は、もっとストレートに、「お互い、助け合って、成功しましょう！」と、同じ目線で熱く語ってくる方が多く、とても清々しかった記憶があります。

そんな彼らの素直な熱意は、**こちらの心に少しでも火種があれば、引火して大きく燃え上がる**可能性を秘めています。

今でこそ、ある程度経験を積み、そんな熱い方々にも、前述のように「あなたのランクはどのくらい？」と、冷めた対応であしらってはいますが、これが血気盛んだった20代の頃に出会って話を聞いていたなら、私も大いに燃え上がっていた可能性は否めません。

なお、投資系ビジネスに限らず、実際のビジネスにおいても、そんなウィンウィンの関係をほのめかしてくる人、つまり、こちらのメリットをことさらに強調してくる人には要注意です。

私の経験だと、「藤原さんの名前も掲載されますので、いい宣伝になりますよ」とコラム執筆をノーギャラで依頼してきたり、「社員との人脈が広がりますよ」と社内研修講師をノーギャラで依頼してきたり――。そのほとんどが、たいして規模も知名度もない、個人・団体・企業からの依頼でした。

このように、自身がたいして成功していないのに、いや、成功していないからこそ、そうやって相手を上手く利用してやろうとする輩は少なくありません。

もっとも、その誘いを真に受けて、利用される人も少なくないのですが（そして、利用されていることに気付いていないケースもあります）。私も若かりし頃は、そうやって利用されたこともあり、苦い思いをしてきました。

これは、私のようにフリーで仕事をやっている人間に限らず、誰しも要注意です。

上司・同僚・取引先・顧客――。この響きの良い「ウィンウィンの関係」を使って、（知ってか知らずか）相手を上手く利用してくるケースは少なくありませんし、さらに言うなら、それは、仕事以外のプライベートの場でもありました。

日常のほんのささいなこと――、例えば居酒屋などで、「これ美味しいんだよ、ぜひ、食べてほしいな」と、さも「相手のために」を強調して、（割り勘会計で）勝手に注文する人などいませんか。

本当は、自分が食べたいだけなのに、相手のメリットにすり替えてくるわけですね。

なんだか話がみみっちくなってしまいましたが、でもこれは、**我々の日常でも、よく出くわす**ことなので、ご参考までに書いておきます。

健康食品販売ビジネス

ビジネス系投資セミナーに、気をつけろ！

もう10年以上前のことになるでしょうか、健康食品販売のビジネスをやらないか、との勧誘を受けました。

かつての仕事仲間から連絡があって、「僕の後輩と会って、話を聞いてやってくれ」とのことでした。

お世話になった人なのでむげに断れず、また、当時は開業間もなく、いろいろなビジネスに興味はあったので、とりあえずは会ってみることにしました。

「ご紹介いただいた○○です！　よろしくお願いします！」

待ち合わせの喫茶店に現れたのは、やたらと威勢と愛想のよい若者でした。ただ、待ち合わせ時間に5分遅れてきたことには、まったく触れません。

大きな声でテンションも高く、しばらくは世間話で、そこそこ盛り上がります。

そして、ビジネスの話はまったく出ないままに、10分くらい経ってから——。

「では、行きましょうか」

と、何の説明もないままに、別の場所に移動しようとするのです。

これには私もビックリして、どういうことかと聞くと、どうやら、その日は一緒にセミナーに行くことになっていたようです（勝手にそんな約束をされていた）。

いやいや、まずはそのビジネスのことを説明してくださいよ、と言うも、**「実は、僕は始めたばかりで、まだよく分からないんですよ」**とのことです。「でも、スゴイ魅力的なビジネスだと思うんで、ぜひ、一緒にセミナーに行ければと思いまして」と言ってきます。

そうです、ビジネス系投資の勧誘でも、（直接の対面勧誘だけでなく）セミナーは定番の手法の一つなのです。

そして今回のように、グイグイと話を勝手に進められて、強引に連れていかれるケースも少なくありません。

さて、投資セミナーでは「不安を煽ってくる」ケースが多く、それは往々にして、詐欺の類であることが少なくありません。

その典型的なケースについては、CHAPTER2でいくつか紹介しました。

ビジネス系投資セミナーでも、それらと共通する部分もかなり多いのですが、加えて言うなら、**「共に成功しましょう！」的な雰囲気**がかなり強いところでしょうか。その演出・ライブ感は強烈なものも多く、一対一での勧誘とは比べ物にならない、熱烈な空気を醸し出すわけです。

そして、（言葉は悪いですが）**洗脳状態**となり、しっかり契約書を確認しないままに、その異様な雰囲気の中、契約してしまうケースが多いわけです。

そんな（一種独特の）ネットワークビジネス系のセミナーの様子は、たまにニュースや雑誌などで紹介されているので、目にしたこともあるでしょう。


数千人規模の会場で、人気アイドルのコンサートかのような演出。

年収数千万円を達成した成功者のスピーチに、大盛り上がり。

世界平和といった壮大なスケールを語る代表者（もはや教祖？）の講演に、涙する参加者。


そう、それはまさに**相手の土俵に、自ら上がりに行くようなもの**。それは非常に危険なことだと、これもすでに触れました。

ビジネス系投資セミナーは、一般の投資セミナー以上に危険、との認識は持っておきたいものです。

もし、どうしても興味があって（もしくは断り切れずに）行くのであれば、事前に、徹底的に相手の手の内を調べてから行きたいものです。

と言いながら、当時の私はムダに好奇心が旺盛で、興味の赴くままに、誘われるがまま、アチコチのビジネス系投資セミナーに顔を出しておりました。

今回の儲け話も、そんな感じでした。

案内されたのは、雑居ビルの一室で、参加者はせいぜい10人程度でした。

そうです、前に紹介したような大規模なセミナーなど、それほど頻繁に開催されているわけではなく、その多くは10～20人程度の小規模なものです。

ただ、「共に成功しましょう」的な雰囲気は、それなりに醸し出されていたかと記憶しております。

内容としては、取り扱う健康食品の説明で、毎日飲み続ければ健康になれるとのことです。ただ医学的根拠の説明は、ほとんどありません。

次に、報酬システムの話で、とにかく努力次第で稼げるとのこと（精神論多し）。

全体としては、凝った演出などなく、講師のトークも微妙で、「成功」「夢実現」といった言葉を、とってつけたかのように使ってきて、なんだか稚拙な感じでした。全体的にほんのりグダグダで、なんだかつまらない映画を見せられた気分になったのを覚えています。

ビジネス系投資セミナーということで、「洗脳されないぞ」と、多少は身構えていただけに、なんだか拍子抜けでした。

ただ、よく覚えているのは、最後に、**参加全員で手をつないで円陣組んで、「我々は、お金持ちだー」**と言わされたことです。

セミナーが大盛り上がりのラストイベントならともかく、たいして盛り上っていない中で、これはないだろうと思わずにはおられませんでした。これには一緒に行った彼も、大いに引いておりました。

ビジネス系投資セミナーには、そんな「参加型」「一体型」イベントも少なくないので要注意です。

ちなみに、今回の儲け話は、**詐欺**でした。

その健康食品には価値はほとんどなく（ガンが治癒する、などの表示も何の根拠もない）、新会員の入会金で事業を回しているのが実体でした。

後日、新聞か何かで知りましたが、典型的なビジネス系投資詐欺のパターンです。

個人的には、セミナーの稚拙さが目につき、そんなレベルで経営をしているようなところは、やっぱりそうだったんだねと、ある意味、納得でした。

もちろん、相当上手なセミナーをしているところでも、詐欺のケースもあります。特に大規模で有名なところが詐欺で摘発などされると、ニュースなどでも取り上げられてインパクトがありますが、それは相当レアなケースです。

やはり、規模が大きく、事業歴が長く、セミナーもしっかりしているところは、それなりに「まとも」なところがほとんどです。もっとも、本章でも主張しているように、それを**勧誘してくる人（そのやり口）に問題があるケースが多い**のですが――。

やはり、**小規模で、事業歴が浅く、セミナーが稚拙なところほど、詐欺の可能性は高い**と言えるでしょう。

ただ、セミナーが稚拙だからといっても、たまたま、その内容が自分の興味関心にビシッとハマってしまうと、一気に心奪われてしまうので、油断はできません。

！「よく分かっていない人」にも、要注意！

あと気を付けておきたいのが、ビジネス系投資の勧誘では、**「勧誘をしてくる人、その人自身が、よく分かっていない」**ことも、往々にしてあるということです。

先ほどの、健康食品ビジネスを勧誘してきた人も、まさにそうでした。

一般の投資詐欺では、それなりに商品知識やトーク力を身につけて、セールスにやってきます。投資詐欺の大手になると、よくできたマニュアルなどもあるとか——。

しかし、ビジネス系投資の勧誘では、よく分かっていないどころか、まったく分かっていない人も珍しくありません。

そして、よく分かっていない人は、当然、自分では説明できません。

なので、**やたらとセミナーに誘ってきたり、また、上司や先輩を同席させたがります。**

それも、事前説明・確認もなしに、待ち合わせ場所がセミナー会場だったり、一対一かと思ったら複数人で待ち構えていたり——。つまり、こちらの心の準備ができないうちに攻め込まれる可能性も高く、要注意なのです。

また、よく分かっていない人からは、別件で、**何度でも勧誘がくる可能性が高い**のです。

その勧誘したビジネスがイマイチだったとしても、場合によっては詐欺そのものだったとしても、彼らは、**「自分もよく分かっていなかった」と、罪の意識は低い**からです。

実際、その健康商品ビジネスのセミナーに誘ってきた彼も、数週間後、別のセミナーに誘ってきました。

その際、彼がシレっと言うには、「あの会社、詐欺だったんですね。騙されなくて良かったですね！」と、自分がそのセミナーに誘ってきたとの責任などまったく感じておらず、**自分も被害者と言わんばかりに、**変に仲間意識を醸し出してきます。

そして次は、「輸入ビジネスみたいなんですが、スゴク良さそうなんですよ！」と、でも、自分一人で行くのは不安だからと、やたらと誘ってくるのです。

これには、「こいつは、セミナーマニアか？」と思いつつ、やんわり断り、そして以後、連絡を絶つようにしましたが、妙になつかれて、振り切るのに一苦労した、そんな苦い思い出があります。

まぁ、彼には「騙してやろう（利用してやろう）」との悪気はなく、ただただ純粋だっただけなのかもしれません。ただ、よく分からずに勧誘してくる人には、彼のように感化されやすい純粋な人も多く、ある意味、騙してやろう（利用してやろう）として近づいてくる人よりも、性質が悪いのかもしれません。

ちなみに、そんな彼を紹介してきた（押し付けてきた？）仕事仲間は、音信不通となりました。これは、何か後ろめたいことを自覚しているからこそ、連絡が取れないんでしょう。

余談ですが、つい最近も、またしてもかつての仕事仲間から連絡があって、**「再生ビジネス」**とやらのお誘いを受けました。この手の話は微妙に疎遠だった人からのケースが多いものです。

電話口では、やたら再生、再生と連呼するも、詳しいことは語りませんでした。

おそらく、リサイクルや再生可能エネルギーのことかな、と思って、実際に会って資料を見せてもらうと、**お肌を「再生」させる美容液を販売するビジネス**のことでした。

残念ながら、彼もよく分かっていないようでして、そして、そんな人のお決まりのパターン、セミナーへのお誘いを受けたわけです。その誘い文句も、「特許を取っている」「学会でも発表された」ということで、**とにかく凄いんです、の一点張り。**

これには、ああ、よく分かっていない人のパターンだな（面倒なパターンだな）――と、深入りする前に、これも丁重にお断りいたしました。

彼の情熱と行動力には感心するのですが、そんな人にホイホイ付き合っていると、体が持ちません。

これは、ビジネス系投資に限らず、一般のビジネスの場でも、そういった人には気を付けないといけないと思っています。

ネズミ講

ネットワークビジネス（合法）とネズミ講（違法）との違い

本章の始めで、ビジネス系投資の多くはネットワークビジネス、もしくはネットワークビジネス的要素があると書きました。

ネットワークビジネスという言葉は、聞いたことある人がほとんどだと思います。

そして、「あやしい」「胡散臭い」、もしくは「詐欺だ」と思っている人も少なくないでしょう。いいえ、**ネットワークビジネスそのものは合法**です。マルチ商法とも呼ばれますが、これは特定商取引法において**「連鎖販売取引」**と規定されている、れっきとした販売形態なのです。

基本、口コミで商品を流通させるスタイルで、店舗や宣伝広告といった諸経費がさほどかからず、極めて合理的な事業モデルとも言えるでしょう。

取り扱う商品は、化粧品、健康食品、浄水器、洗剤といった、日常的に「使い続ける」ものが多く、販売する人自身も、それらを愛用しているケースがほとんどです。売るというよりも、商品の良さを「伝える」仕事とも言われています。また、その商品・サービスを販売する人を勧誘し、ビジネスの機会を提供することも、大きな特徴です。

ネットワークビジネスの主催企業としては日本アムウェイなどが有名です。**ミキプルーンでお馴染みの三基商事、大手化粧品のノエビア**などもネットワークビジネスの主催企業です。

ちなみにわが地元、大阪狭山市にも、社歴40年以上を誇るイオン化粧品の本社がありま す（スーパーのイオンとは関係ありません）。実績ある会社も数多く存在し、「月刊ネットワークビジネス」という専門誌も発行されているくらい、ネットワークビジネスは、我々の暮らしに溶け込んだ存在なのです。

そんなネットワークビジネスが、「詐欺だ」とよく誤解されるのは、本章でも説明してきたように、勧誘する人に問題があるケースが多いからです。

強引な引き込み、稚拙な説明――。そんな勧誘を受けて契約するものの、まったくビジネスが上手く行かず、騙されたと思う人が少なくないからです。何度も言うようですが、勧誘してくる人の見極めは大切だということです。

そして特に注意すべきことは、ネットワークビジネスそのものは合法なだけに、それをいいことに、その**ネットワークビジネスとは似て非なる仕組み**で、騙そうとしてくる人も少なからずいるということです。

ネットワークビジネスとは似て非なる仕組み――。そう、それが**「ネズミ講（マルチまがい商法）」**と呼ばれるものです。

会員をドンドン勧誘していくところはネットワークビジネスと同じですが、ネズミ講は**「無限に会員が増え続ける」**ことを前提にされており、無限連鎖講の防止に関する法律によって禁止されている、れっきとした**犯罪行為**です。

そんなものに関わってしまうと、仮に儲かったとしても、それは犯罪の片棒を担ぐことになってしまいます、というか犯罪です。ネットワークビジネスそのものは否定しませんが（勧誘してくる人をしっかり見極める必要はあります）、ネズミ講は絶対に避けてください。


ネットワークビジネスとの分かりやすい違いは、**「実際に取り扱っている商品があるのか、ないのか」**に尽きます。

ネットワークビジネスの場合、前述のとおり、主に化粧品や健康食品など、実際に流通する商品がありますが、**ネズミ講にはありません。**

ネズミ講では、新たな会員からの入金（入会金・権利金・出資金などの名目）のみが、報酬の原資となるので、**会員を増やし続けないと、どこかで破綻する**仕組みとなっています（ネットワークビジネスでは、商品そのものからの利益があるので、ムリに会員を増やさなくても大丈夫）。騙す側も、それを分かっているので、ある程度組織が膨らんだところで、計画的に逃げるわけですね。

ちなみに、最近ではネズミ講も巧妙化しており、（ネットワークビジネスを騙るべく）形だけの商品を流通させるケースも少なくありません。

かつては、あからさまに価値のない商品を高額で取引するものでしたが、最近では、仮想通貨など、価値の分かりにくい（物理的に実態のない）ものを取り扱うケースもあるので要注意です。これはCHAPTER1でも、少し触れましたよね。

ネットワークビジネスとネズミ講の違いについては、ビジネス系投資（≒ネットワークビジネス）の勧誘を受けることになった場合は、最低限、知っておくべきところでしょう。

！とあるセミナーでの、アンケート結果

以前、とある異業種交流会にて、「あやしい投資話」をテーマにセミナーをさせていただきました。

そこで、**「最近、あやしい（と思う）投資話の勧誘を受けたことがありますか、もしあれば、教えてください」**とのアンケートを取ってみました。

すると、実に8割超の人が、何らかの、あやしい（と思う）投資話の勧誘を受けたことがあったのです。

セミナーテーマが「あやしい投資話」でしたから、そこは想定内として、その中でも目立ったのが、「ビジネス系投資」の勧誘だったのです。

アンケート回答から、一部抜粋したものが、以下の通りです。

- **美容院へ行ったら、プロテインの販売ビジネスを一緒にやらないか、と言われた**
- **旅行会員権の代理店ビジネスを勧められた**
- **仮想通貨の取次ビジネスに出資、もしくは経営参加しないかと言われた**
- **歩合制のワンルームマンション販売の勧誘を受けた**
- **資格取得の教材を売らないかと言われた**

中には、漠然と「ネットワークビジネス系」「マルチ」「ネズミ講」との回答もありました。

ただ、セミナー内で、それらの定義について質問すると、半数以上の人がよく分かっていませんでした。

そんなアンケート結果を見て、前々から薄々は感じていたことですが、ここで確信したことがありました。

それは、以前と比べて副業が身近になり、また、誰でも手軽に小規模ビジネスに参入できるこのご時世において、**今、「ビジネス系投資」が急増している**ことです。

会社に頼り切れなくなった今の時代、特に起業・副業に興味ある人であれば、「ビジネス」という言葉には少なからず反応することでしょう。また、一般の方であっても、「投資」と言われるよりも、「ビジネス」との名目のほうが、まだ抵抗が少ないかもしれませんね。

ちなみに、一昔前であれば、ビジネス系投資といえば、知人・友人からの勧誘がほとんどだったのですが、近年では、（知らない人からの）**ネット経由**というパターンも増えているようです。ネットと言っても、これまではメールやホームページが多かったのですが、今では、**フェイスブックやツイッター、ラインといったSNSを通してくる**のが、最近の傾向です。

実際、前述のアンケートでも、ビジネス系投資の半分ほどがSNSを通じての勧誘だったらしく、学生さんにいたっては、その9割ほどがSNS経由だったそうです。

SNSは、もはや日常生活の一部なだけに、抵抗感がなく、知らない人でも友達感覚で受け入れてしまうものです――。というか、現実的なところで言えば、リアルな友人・知人が、SNSを通じて勧誘してくるケースこそ、一番あり得るパターンです。

特に、昔の友人・知人でも、今では、SNSで簡単につながることができるだけに、要注意です。

実際、ネットワークビジネスをしている方がこう言っておりました、「フェイスブックで、**昔の友人に片っ端から連絡しているん**ですよ。SNS、便利ですよー」と。

❗お金を失うだけでは済まないかも……

入会金、権利金、研修費用――。名目はいろいろですが、ビジネス系投資では、一般には、**初期投資が必要**です。また、まずは自身が入会して（会員となって）、取り扱う商品を一定数量購入することが条件となっているケースも少なくなく、そこでまとまった資金が必要となることも。

それがネズミ講だと、それらのお金はそのまま、上の会員の報酬へと消えていくのです。

これまで私が勧誘を受けたものだと、入会金的なもので1～10万円、そして商品購入代金で10～50万円程度が多かったような気がします。

それなりの金額ですが、決して払えない金額ではない、絶妙な設定です。余談ですが、未公開株や仮想通貨の購入費用も、なぜか、10～50万円程度がボリュームゾーンでした。

ちなみに、本章冒頭で紹介した福利厚生サービスですが、これは良心的で、最初にかかる費用は登録料1万円のみ（勧誘する人もそこをアピール）。

ただし、まずは自身が入会して掛金を支払う必要はあって、それが年間5万円程度はかかるわけです。そうなると、数年も続ければウン十万円ですから、やはり、それなりの金額を払うことになるわけです。

そして、それだけお金を払って、「さぁ、稼いでやるぞ」と意気込んでも、その商品を本当にいいと思っていないと、そう簡単には売れないものですし、ましてや、会員勧誘などおぼつきません。楽して稼げる、との甘い気持ちで稼げるほど、甘くはありません。

当然、商品が売れなければ（新会員を勧誘できなければ）、商品在庫が手元に残るだけで、**それまで支払ったお金はパー、ウン十万円という、けっこうな痛手**となるわけです。

そして、お金を失うことより、もっと痛手なのが、友人、知人、そして家族をも失ってしまう可能性もあること。

最初は意気揚々と始めても、まったく売れず、勧誘もできないと、やはり追いつめられるものです。

余裕がなくなってくれば、相手のことを考えることもなく、強引なセールス・勧誘で、周りから迷惑がられ、疎まれ、そして距離を取られることでしょう（場合によっては絶縁となることもありえます）。

実際、冒頭で紹介したAさん（福利厚生サービスを勧誘してきた人）の場合、彼の顧問先の多くは、**彼から離れていった**と聞きました。どうやら彼は、自身の顧問先にも相当セールスしていたようで、「私の顧問先も、皆、このサービスで喜んでもらっている」と言っていましたが、その一方で、多くの人が彼から去っていったことに、気付いているのかどうか……。

また、前に少し触れた、再生ビジネスを勧誘してきた彼は、その**ビジネスが原因で離婚してしまった**ようです。もっとも本人は、「これで、これからは、本当の人生を歩める」と言っているみたいですが、それが本心か強がりかは、私には分かりません。

❗矛盾やボロは、必ず見抜ける

さて、一口にビジネス系投資と言っても、その「ビジネス」の内容は、実に多種多様。従来だと、口コミでの商品販売が主流でしたが、最近では、アフィリエイト（ネット広告事業）や個人輸入ビジネス、ネットショッピングでのキャッシュバックなど、挙げればキリがありません。

でも、それがどんなビジネスモデルであっても、結局は、**「そのビジネスに（他の人を）勧誘することで、大きな報酬が発生する」**ようなものには、要注意です。

ビジネスそのものの報酬より、その**ビジネスに勧誘したときの報酬のほうが高い**というのは、どう考えても健全ではありません。それらのすべてとは言いませんが、ネズミ講といった詐欺であることは少なくありません。

ビジネスそのものが詐欺であったり、勧誘が強引・稚拙・不誠実であったりする場合、必ず、**そのどこかに矛盾があり、トークのどこかでボロが出る**ものです。

それらの矛盾やボロをまったく出さずに、完璧にカバーして、こちらの心理を手に取るように操れる人など、まずいません。もしいたとしても、そんなスゴイ人が直接、我々の目の前に現れて、勧誘してくることはないでしょう（彼らは、もっと大物を狙います）。

我々に勧誘してくるのは、まぁ、「普通の人」です。

なので、こちらに少しでも知識があれば、その矛盾やボロは、十分に見抜けます。本章が、その一助となれば幸いです。

4

CHAPTER

ターゲットを定めて

向こうからやってくる話には、気をつけろ！

持ち込みの投資案件

なぜ、わざわざ投資話を勧めてくるのか？

「こんな投資話なんですけど、これってどうですかね？」

私は仕事柄、そんな感じの質問を、よく受けます。
そんなときは、私は決まって、こう聞き返します。

「その投資話は、どうやって知ったのですか？」

もし、その投資話が、「メールで送られてきた」「電話がかかってきた」「知り合いから誘われた」などであれば、よほど興味がない限りはやめておきましょう、と答えています。

つまり、**「向こうからやってくる話」は、基本的にはやめておきましょう**、ということです。

それは、なぜでしょうか？

頼まれてもいないのに、わざわざ投資話を勧めてくる理由は何か。それを考えてみれば、分かるはずですよね。

メールにせよ、電話にせよ、実際に会うにせよ、その文章を作ったり、話す内容を考えたりと、それなりに大変です。

相手に何かを説明して、そして、お勧めすることは、けっこうな労力と時間がかかることです。

にもかかわらず、わざわざ投資話を勧めてくるのは、それは、**勧めてきた人が得をするから**に他なりません。

そして、勧めてきた人が得をするということは、**勧められた人が損をする**可能性が高いわけです。

なぜなら、勧めてきた人が得る収益・報酬などの源泉は、その勧められた人が支払ったお金の一部であることがほとんどなのですから。

しかも、相手が大儲けするような話（その場合は、必死に勧めてくる）は、こちらが大損する可能性が高いですし、それは投資詐欺である可能性も十分にあるでしょう。

もちろん、中には、損得抜きで、ただただ親切心で勧めてくれることもあるでしょう。

でもそれは、身内であったり、本当に親しい友人であったりするわけで、**見ず知らずの人や、中途半端な知り合いが勧めてくる投資話は、ほぼダメ**だと思っておいたほうがよいでしょう。

！そんなに美味しい投資話なら、自分でやれば？

当たり前ではありますが、わざわざ持ってきた投資話については、それがいかに美味しい投資話であるかを、説明してきます。

儲かります、安全です、絶対お勧めです、など、猛アピールしてくることも珍しくありません。

さて、ここで、気づいた人も多いかと思います。

それは、**「そんなに美味しい投資話なら、人になど勧めずに、自分だけでコッソリやればいいのでは？」**ということに。

なぜなら、美味しい話があったとしても、**大勢の人に広まった時点で美味しくはなくなる**からです。

なので、人に勧めるにしても、まずは自分がたっぷり美味しい思いをしてから、その上で、身内や友人など、本当に近しい人にだけ勧めるはずですよね。

そこに気づけば、見ず知らずの人や、さほど親しくない人に電話やメールをして、わざわざ勧めてくるのは、どう考えても、おかしな話です。

もうその時点で、ほぼ間違いなく、それは美味しい話ではない（＝不利な投資話、下手すれば投資詐欺）ですよね。

もちろん、そのことには、私も気づいておりました。

そして、機会あれば、「そんなに美味しい投資話なら、あなたがやれば？」と聞いてみたいな、と、ずっと思ってはいたのです。

この、アキレス腱をピンポイントで狙ってくるような質問に、どう答えてくれるのか？

ただ、ちょっとヤバい業者に下手に聞いてしまって、逆切れされても怖いです。

そこで、雰囲気的に「今なら、いけそうだ」とのタイミングを慎重に狙って、思い切って聞いてみたことがあります。

それを次の項で説明しましょう。

社債買取詐欺

じゃあ、あなたがやってみれば？

それはもう10年以上前のことですが、ある日、「社債を買いませんか？」と、若い男性から電話がかかってきました。

実は、その社債の転売先は決まっていて、その転売先が、買値よりも高い値段で買い取ってくれるという、手堅い投資話とのことでした。

まぁ、よくある投資詐欺のパターンですね。

電話口の彼は、さすがに「絶対儲かる」などとは言いませんでしたが、「ほぼ鉄板です」と言いました。

ほぼ鉄板、との表現がちょっと軽薄な感じではありますが、フレンドリーな語り口と相まって、嫌な感じはしません。

当時、私もまだ20代と若く、友人感覚で意気投合して、話が盛り上がるのでした。

そこで、その勢いと雰囲気で、「ほぼ鉄板なら、あなたが買ってみたら？」と聞いてみたのです。

この質問には、即座に、「いや、会社の規則で社員は買えないんですよ」とのこと。

ちょっとは困るかな、と期待（？）していたのですが、これにはアッサリと返答してきました。

なので、でもそこは、まぁ、想定内です。続けて「自分はダメでも、家族に買ってもらったら？」と聞いてみました。

この質問にも、「いや、家族も禁止されているんですよ」とのことでした。

その返答にも、「でも、いくらでも抜け道はあるでしょ。例えば、友だちに頼んで、買ってもらうとか――」と畳みかけるように聞きました。

電話口の彼は、なんだかとても話しやすかったので、ここぞとばかり、突っ込んでみたのでした。

相手も、そこまで突っ込まれるとは思っていなかったのか、「いや、それも会社の規則でダメなんです」と、ちょっと弱々しく答えます。

これには、もう一押しだと思いつつ、「でも、友だちとしっかり口裏あわせておけば、バレないのでは。鉄板なら、それくらいやるだけの価値はあるのでは」と、なんだか、**こっちが悪い道に誘っている**かのような流れになりました。

ただ、その誘惑にも、「いや、会社の規則なんで」と、会社の規則の一転張りです。

ここまでくると、友人感覚で盛り上がっていた雰囲気も微妙な感じとなり、これは埒《らち》が明かないなと思い、それ以上は突っ込みませんでした。

私も興味本位だったので、それで何かを暴いてやろう、とまでは思ってはいませんでした。

おそらく、この手の質問に関しては、「会社の規則でできません」が、マニュアルだったんでしょう。

このやり取りでちょっと自信をつけて、その後も、「じゃあ、あなたがやってみれば？」と何度か聞く機会がありましたが、どの業者も、「契約で禁止されている」「商品規約で禁止されている」など、ほぼ同じような反応でした。

残念ながら、「もちろん、やっていますよ」という香ばしい反応はありませんでした。

ちなみに、「あなたがやってみれば？」に対して、「じゃぁ、けっこうです！」と**ガチャリと電話を切られた**こともありましたが、これはこれで、電話ガチャ切りがマニュアルだったのかもしれませんね。

「あなただけに」詐欺

こいつならカネ出すだろう、だから？

「あなただけに」「あなただからこそ」と言って、向こうから勧めてくる際に、やたらと「あなた」を強調してくるケースも少なくありません。

これは、（中途半端な）知り合いからやってくる際の、勧誘の常套句でもあります。
特に、「**信頼できる**、あなただけに」「**信用できる**、あなただからこそ」この投資話を持ってきたんですよ、と面と向かって言われると、まんざらではないかもしれません。

でも、そんな美辞麗句に乗せられないでください。

本当は、あなたは信頼されているわけでも、信用されているわけでもありません。あなたは、**「こいつなら、カネを出すだろう」**と思われているだけ――。あまり、そうは考えたくはないですが、それくらいに思っておいたほうがいいでしょう。

そうやって投資話を持ってくるような人は、おそらく、お金に困ったときにも、「あなたしかいないから」と言って、借金の申し込みに来る可能性は高いはずです。そのときにも、「信頼しているから」「信用しているから」などと言ってくるかもしれませんが、これもやはり、「こいつなら、カネを出すだろう」と思われているだけです。

世知辛いようですが、やはり、それくらいに思っておきましょう。

そんな相手であっても、もし、お金を貸してあげるのであれば、それはもう、あげるつもりで、助けるつもりで貸してあげるべきですね。決して、「返してもらえる」などと思わないことです。

ただし、**一度貸すと、また借りにくる可能性は高い**です。

そして、今度は貸さない、となると、「分かった、この前は貸してくれてありがとう」ではなく、「この前は貸してくれたのに、今回はなんでダメなんだ！」と言われます。

結果、何度も貸さないといけないことになるかもしれません。気を付けましょう。


これは、投資話でも同じです。

つまり、**一度お金を出した人には、また投資話がやってくる可能性は高い**のです。

儲かっていれば、「次も、いい投資話ですよ」と、損をしていても、「前の失敗は、これで取り戻せます」などと、前回の結果を受けて、なんとでも言えますから。

損をさせた相手に、よくもまた投資話を持ってこれるな、と思うかもしれませんが、全く興味のない人を振り向かすよりも、一度でもお金を出した人にアプローチしたほうが効率が良い、と考えている人は多いものなのです。


一度話を受けると、またやってくる。これは、投資詐欺でも同じことです。

つまり、**一度騙された人には、また投資詐欺の話がやってくる可能性は高い**のです。

残念ながら、投資詐欺の被害者リスト（詐欺業者にしてみれば、大切な顧客名簿）は出回っている可能性は高いと思われますので――。

また、投資詐欺の被害者に対して、「被害者団体に入れば、騙されたお金を取り戻せます。そのためには、入会に〇〇万円必要です」「詐欺業者のリストに登録されていますが、〇〇万円で取り消せます」などとアプローチしてくる話も、よく聞かれます。

そんな目に遭わないためにも、投資詐欺はしっかり見極めるようにしましょう。

強引セールス対処法

できない理由ではなく、できる条件を

向こうからわざわざやってくる投資話であれば、その勧誘の熱意は、かなり積極的なものも少なくありません。グイグイと押し込んでくる人もいることでしょう。

特に、実際に会ってしまってからの勧誘だと、なかなか断りづらい状況もあり得るかと思います。

ただ、そのときに、「できない理由」「やらない理由」を言って断ろうとすることは、できれば避けたいところです。

なぜなら、相手は、**その理由を潰しにくる**から。

例えば、「投資に回すお金なんてありません」などに対しては、「では、いくらくらいであれば、投資に回せるのですか?」と切り返され、勧めてくる商品によっては、「わずか○万円から投資できます」「毎月○○円から積立プランもあります」と、絶好の反撃を食らってしまいます。

また、「投資はよく分からないから怖い」などに対しては、「どこが分からないですか?納得いくまで、しっかり説明させていただきます」となって、話が長くなりそうですね。

そして、「家族が反対しているから」などに対しては、「投資はご自身の意思でやるものですよ」などと、諭してくるかも——。

いずれにせよ、具体的な理由を言ってしまうと、**そこから話を広げられて面倒**です。

そして、その理由を潰されてしまうと、**もう断る理由がなくなる**ので、断り切れなくなってしまいますよね。

一般的な営業マニュアルでも、「断る理由を聞け」「その理由を解決しろ」とは、よく知られたところです。

なので、サラッと「興味ありません」の一言であしらいたいところですが、それだと、「いや、この投資は絶対に素晴らしいので、話を聞いてください」と食い下がられる可能性も高く、断り方としては、ちょっと弱いかもしれません。

そこで、グイグイと来る勧誘への対策として考えられるのが、**「できる条件」を提示すること。**

すなわち、「○○であれば、投資してみる」と、相手の勧誘をそのまま受け入れるのではなく、こちらから条件を提示してみては、いかがでしょうか。

そして、その条件は、**トコトンわがままなこと（絶対にできないようなこと）**を提示するのです。

例えば、「国が、元本保証をしてくれるのであれば」「10年以上、まったくクレームなしで続いているのであれば」などです。

万一、その条件を満たすのであれば、当然、それを証明する書面を要求します。

そこまで徹底すれば、さすがに、相手も引くことでしょう。

以前、とある遠い知り合いから、どう考えても胡散臭い外貨取引の勧誘を受けたことがありました。

その人は、なかなかしつこい人でして、そのときに私が言ったのが、以下のセリフです。

「なるほど、それは外貨投資ですね。でも私はずっとFXをやっていまして、もし、それがFXより手数料が安くて、金利水準が高くて、注文方法が多彩であれば、ちょっと考えます。でも、分別管理と元本保証がないと嫌ですよ」

ハッキリ言って、**メチャクチャわがまま言っています**（そんな商品は、絶対にない）。

ただ、その人は、（外貨取引を勧めてくるくせに）FXをあまり知らなかったようで、

私は皮肉交じりに、FXがいかに高性能なものかを説明をしたわけです。

これは効果抜群で、スッパリ断ることができました。

とはいえ、この「できる条件の提示」は、ちょっと高度なテクニックでもあるので、あくまでも参考程度に覚えておいて下さい。

ただ、このテクニックを身につけると、投資話の勧誘だけでなく、他にも、様々な（断りたい）頼まれごとにも応用が効きます。

例えば、借金申し込みです。

借金申し込みも撃退！

過去に一度だけ、私は借金を申し込まれたことがありました。

やはり、中途半端な知り合いからの無心でして、**「20万円くらい、ちょっと貸してくれませんか」**と、ヘラヘラと軽いノリで、頼んできたのです。

お金を借りる真剣味が足りないぞ——と、この態度は気に入りません（もちろん、貸す気ゼロ）。

しかし、この人は図々しくて強引な人間だということは知っていたので、ただ「嫌です」と言っても、なんだかんだ食い下がってきそうな気がしておりました。

そこで、「分かりました。でも私もお金のプロなので、そこはしっかり返済計画を立ててもらいますよ」と提案します。

これに彼は、「いいですよ」と、やはり軽いノリで即答してきます。

まぁ、これは想定内、おそらく、適当に計画を立てておけばいいだろう、と思っていたのでしょう。

そして、続けざまに私は、「あと、**契約書は公正証書にしてもらいますよ**」と言いました。

公正証書とは、公証役場にて、公証人に作成してもらう、非常に効力の強い書面のことです。どれくらい強いかというと、裁判の勝訴判決を得たのと同じくらいに強いのです。

なので、公正証書にしておけば、お金を返さなければ、**裁判なしで強制執行ができる**のです。

公正証書作成には費用と手間はかかりますが、お金を貸す側にすれば非常に心強いもので、逆に借りる側にしてみれば、**とんでもなくプレッシャーになる**ものなのです。

その説明をすると、「いや、それはちょっと……」と、彼は渋り始めます。彼からしてみれば避けたいところです

そこから私は、「いや、きちんと返してくれるなら、全然問題ないでしょう、形式的なものですよ。作成費用は、こちらで持ちますから」と畳みかけます。

そして、トドメとばかりに、「もし万が一ですが、お金が返せないなどのトラブルになってしまったら、そのことをセミナーで話したり、本に書いたりしていいですか？ 私の仕事的には、すごく美味しい体験なので、ぜひ、使わせてもらいたいんです。あ、名前はイニシャルで隠しますから」と畳み掛けました。

これには彼も、「いや、それだったら、もういいです」と、スゴスゴと諦めてしまいました。

私的には、もし彼が、その条件で受け入れるのであれば、喜んで貸すつもりではありま

したが――。

あと、これは余談ですが、このテクニックは新車セールス対策にも役立っています。お世話になっているカーディーラーに行くたびに新車を勧められるのですが、私はまったく買う気はありません。

でも、買わない理由を言うと、そこは相手もセールスのプロですから、おそらく、そこからいろいろと掘り下げてくるでしょう。

かと言って、ただ「いりません」「興味ないです」というのも、いつも修理・点検などでお世話になっているので、ちょっと気が引けます。

そこで、いつも言っているのが、「軽自動車サイズで、馬力が2000ccくらいあって、レクサス並みのステータス、あとはスライドドアの車があれば、検討したい」とのリクエスト。

これには、担当者も「ご冗談を――」と言った感じでしたが、ずっと言い続けていると、さすがに最近では、セールスの話は減りました。

でも、これはもし本当に、その条件を満たす車があれば、本気で欲しいとは思っております。

銀行からの勧誘

銀行だからといって、油断できない

銀行や保険会社などから、「こちらが、お客様にお勧めです」と、何か商品を勧められたことはありませんか？

そのときは、いつも以上に、その商品を吟味してください。

なぜなら、我々になじみの金融機関からであっても、やはり、向こうから勧めてくるものは、**勧めてくる側が「得する」もの**だから。

銀行からのお勧めであれば、外貨預金や仕組み預金（※）、（新規に設定された、話題のテーマの）投資信託や変額個人年金保険などがお決まりですが、これらの手数料は割高です。そして、これらはリスクのある投資商品なので、お勧めされるがままにホイホイ購入していると、（意に反して）リスクまみれにされてしまう恐れもあるわけです。

（※）一定の条件のもとに、比較的高い金利がつくが、株式や為替の動向によっては元本割れの可能性もある、非常に複雑な設計の預金のこと。


ちなみに、投資とは関係ないですが、マクドナルドでの「ご一緒にポテトや飲み物はいかがですか？」も同じ理屈ですね。

店員さんのスマイルに、「はい」と注文してしまうと、してやられたりします。

ご存じの方も多いと思いますが、ポテトやジュースの原価率は低く、まさにお店が売りたい商品（お店が得する商品）だからです。


とは言っても、さすがに、銀行などのなじみの金融機関が、詐欺みたいなものを勧めてくることはないだろうと言いたいところですが、残念ながら、あるのです。

比較的最近だと、スルガ銀行の「かぼちゃの馬車」事件（不動産投資への不正融資）が有名です。

スルガ銀行の責任については諸説あるので、ここでは事件詳細は割愛しますが、銀行を信頼して騙された人が多数いたことは事実です。

また、かんぽ生命の詐欺まがい、というか詐欺そのものと言えるような保険勧誘も、一時、週刊誌やワイドショーを賑わせました。保険料の二重徴収や無保険期間など、およそ考えられないようなことが、意図的に行われていたケースもあって、世間に衝撃を与えたことは記憶に新しいのではないでしょうか。

そして、大きくニュースにならないものの、そんな詐欺（まがい）の話は、現場レベルでは、もっとたくさんあることでしょう。

投資詐欺（まがい）は、どんなところから、やってくるか分かりません。

銀行だから安心、と思っていると、コロッと騙されてしまうかもしれません。

実際、銀行などでヒドイ目に遭った人の多くは、「銀行だから安心していた、まさか、銀行がそんな話をもってくるなんて」と言うわけです。

なじみの金融機関であっても、いや、なじみの金融機関だからこそ、気を付けたいところですね。

一般的に、銀行や保険会社の人は、それなりに地頭が良く、真面目な人が多いです。普段からもよく勉強しており、その知識や話法で、こちらに不利な案件でも、いかに有利であるかをアピールしながら、言葉巧みに勧誘してきます。

その際、当たり前ですが、明らかな「嘘」をついてくることは、まずありえないでしょう。

しかし、彼らは**「都合の悪いこと」も言わない**といったテクニックでアプローチしてくることもあるので、要注意です。

そんな彼らの説明を聞いた上で、「でも、それって手数料がかかるんだろう」「いや、他の銀行の商品はもっと高金利ですよ」などと、「都合の悪いことを隠している」ことを見抜くには、こちらに一定の知識がないとできないです。

なので、**下手な詐欺業者よりも、ずっと手強かったりもする**わけです。

❗美味しい投資話は、自分で「取りに行くこと」

残念ながら、向こうからやってくる投資話については、それが**「どこから」であっても、「どんなもの」であっても**、基本、ダメなもの（こちらが不利なもの）と思っておいたほうが無難でしょう。

これは視点を変えると、美味しい投資話が向こうからやってくることは、まずあり得ないということ。

すなわち、美味しい投資話を知りたければ、それは、**自ら「取りに行かないと」いけない**、ということです。

今の時代、さすがに「年利回り5％で元本保証」クラスの投資話などありませんが、それでも、比較的美味しい（有利な）投資話はあります。

例えば、信用金庫や信用組合の定期預金の中には、金利0・5％程度をつけるものもあります。

これは、一般の銀行預金金利が0・001％程度の中にあって、相対的に、美味しい(有利)と言えるでしょう。これまでは高金利預金というと、「ネット銀行」「ネット支店」とのイメージが強かったのですが、実は、地元の地域金融機関もすごく頑張っているのです。

また、投資信託でも、ノーロード(販売手数料無料)で運用管理費用が0・1％台という、一昔前だと考えられないような、低コストの投資信託がたくさんあります。同じタイプの投資信託であれば、コストの低いほうが、絶対に有利です。

ただ、そういった商品は、金融機関は**あまり積極的に勧めてはきません。**

なぜなら、さほど**儲からないから**です。

なので、大々的に宣伝されることも少ないですし、何なら、隠しているのでは……と思わせるようなこともあります。

私がまだ、証券会社と対面取引をしていた頃。

当時私は、株式全般に投資したいと思い、いろいろ調べあげ、それなら**ETFが絶対**

に有利だと確信しておりました。

ＥＴＦとは、市場全体の値動きに連動するタイプの投資信託で、非常にコストが安い優れものです。

そこで、「ＥＴＦについて、いろいろ聞きたいのですが」と、某証券会社窓口で相談するのですが、担当者は、なんだか**渋ります。**

そして言うには、「いや、株式への投資でしたら、こちらの投資信託のほうが、大きく増える可能性があって有利ですよ」と、別の商品を勧めてくるのです。さも、私の選択（ＥＴＦ）が間違いであり、正解はこちらです、と言わんばかりに。そして当然のごとく、勧めてくる商品は、**販売手数料も運用管理費用もたっぷり取られるタイプの投資信託**です。

しかし、窓口担当者は、手数料のことはほとんど話さず、勧めてくる投資信託が、いかに有利であるかと話してくるのでした。

そして、びっくりするくらいに、ＥＴＦについては見事にスルーしてきます。

なので、こちらが、「いえ、私はＥＴＦがいいのです」と、話題をＥＴＦに戻さなければならず、面倒だった記憶が残っております。

最近では、金融機関から積極的に情報発信していなくても、マネー雑誌やマネーサイトなどで、比較的美味しい（有利な）投資話は、いくらでも探せるはずです。

向こうからやってくる投資話はダメ、で終わるのではなく、そこから、美味しい投資話は自分から取りに行くものである、との行動に結びつけたいところですね。

宝くじ投資

宝くじにも、気をつけろ！

ちなみに、**不特定多数に向けてガンガン宣伝しているもの**も、ある意味、向こうからやってくる投資話と言ってもよいでしょう。

テレビや雑誌、街中のポスターなど、勝手に目に入ってくるのであれば、それは、「向こうからやってくる」と同じですからね。

でも、普通に生活していて、勝手に目に入ってくる投資話って、いったい何でしょうか？

そう、それは**宝くじです**。

特にドリームジャンボやサマージャンボ、年末ジャンボといった有名どころは、その発売に合わせて、有名人を起用したテレビCMをガンガンやっていますよね。

また、最近ではロトやナンバーズなど、自分で数字を選ぶ、新しいタイプも人気です。

いずれにせよ、大当たり（大きなリターン）を期待して買う（資金を出す）わけですから、宝くじも立派な投資話と言えるでしょう。

数百円が数億円になるかもしれない――。そこらの投資話など比べものにならないくらいの爆発力が魅力です（でも、はずれれば資金はパーですが）。

なので、そのキャッチコピーも、**「1億使っても、まだ2億」「当たれば仕事が趣味になる」**など、煽る煽る――。そこらの投資話など比べものにならないくらい、露骨に射幸心を煽ってきて、下手すれば、悪徳業者顔負けかもしれません。

でも、さすがにそこは練りに練られていて、キャッチコピーは「巧い！」の一言ではありますが。

さて、そんな宝くじですが、冷静に投資話として見た場合、これは**最悪**です。

というのは、宝くじの賞金に充てられるのは、一般に、その売上金額の半分に満たないから。還元率でいうと、45%程度と言われています。

これは、1枚300円の宝くじに対して、その賞金額をならして計算すると、130円～140円程度だということですね。

つまり、確率的には、**「絶対に大損をする」**のです。

そもそも、ギャンブル自体が、胴元（主催者）に取られる割合が大きくて不利なものですが、それでも競馬で75%程度、パチンコで90%程度の還元率となっています。

宝くじが、いかに不利な条件であるか、分かっていただけるかと思います。

これは、宝くじの売上の40%近くは、発売元である自治体に納められ、そして公共事業などに使われるからです。

もちろん、それはとても意義のあることですし、素晴らしいことです。

ただ、その仕組みを知らずに、何となく魅力的なキャッチコピーに煽られ、「一攫千金」を狙って宝くじを買う人は、投資家としては賢い選択ではないですよね。

そんなことから、**「宝くじは、愚か者に課される税金」**とも揶揄されるわけです。

ちなみに気になる当選確率は、数億円レベルの高額当選となると、**1000万分の1程度**だとか。

これは、満員の東京ドーム200個からたったひとりが選ばれるくらいの確率だの、雷に直撃される確率だの、様々な「例え」で表現されていることは有名なところです。

そんなインパクト抜群の「例え」もあって、宝くじの高額当選など、**絶望的な確率**であることは、おそらく、多くの人は知っているはずです。

しかし、それでも多くの人が、高額当選を夢見て、宝くじを買っています。

その理由の一つに、**「確率が極端に低くなるほど、実際の確率よりも、高く感じる」**という心理メカニズムがあるとも言われています。

どんなに当選確率が低くてもゼロではなく、実際には**「当たるか」「当たらないか」**の2つですからね。

例えば、搭乗する飛行機が墜落することなど、まずあり得ないくらいの確率ですが、「墜落するか」「墜落しないか」で考えてしまうと、かなり不安になるのではないでしょうか。

何事も、2択に落とし込んでしまうと、心理的な確率はグッと上がってしまうわけですね。

さらに例えるなら、若い人がガンになる確率も、有名なところです。

一般には、男性で2人に1人、女性で3人に1人がガンになる、と言われていますが、実は、**30代までにガンになる確率は0・1%程度**です。

つまり、若い人がガンになる確率は、極めて低いのです。

しかし、自分が「ガンになるか」「ガンにならないか」の2択で考えると、心理的な確率は、それをはるかに上回ることでしょう。若い有名人がガンに罹患したニュースなどを見ると、心理的な確率は、もっと高く感じることは間違いありません。

若い人にガン保険をセールスしてくる場合、当然、そのあたりを煽ってくる可能性は高いでしょう。

また、前述の「男性で2人に1人、女性で3人に1人」だけをクローズアップして、若年層のガン罹患率を「言わない」セールスにも気を付けましょう。**嘘は言っていないで**

すが、都合の悪いことは説明していないですからね。

さて、そんな心理メカニズム（確率が極端に低くなるほど、実際の確率よりも、高く感じる）を、詐欺業者が見逃すはずありません。

前に触れたように、投資詐欺で、「国家破綻」「ハイパーインフレ」などで不安を煽ってくるケースは少なくありませんが、客観的に捉えれば、それらが起こり得る確率は極めて低いものです。しかし、「起こるか」「起こらないか」の2択となると、「起こる」ことがグッと現実味を帯びてくるわけです。

そこにきて、日本の現状をことさら悪く煽ることで、「起こり得る」と感じる（心理的な）確率が、ますます引き上げられてしまうわけですね。

宝くじにせよ、保険にせよ、そして不安を煽ってくる投資詐欺にせよ、相手の言うままに、ただただ感情に流されて判断してしまうと、「確率はほぼゼロに等しいような、あり得ないこと」を、必要以上にリアルにイメージしてしまうわけです。

なぜなら、前述のとおり、人間心理はそのようになっているから。

そして、それは勧めてくる側にしてみれば都合の良いメカニズムなので、そこを徹底して、突いてくるわけですね。

5

CHAPTER

僕が騙されたり、騙されかけた話

平成電電匿名組合

通信事業に投資して、利回り10%!

本書では、投資詐欺に多いパターンとして、「旬のテーマで騙ってくる」「不安を煽ってくる」「ネットワークビジネスの類」「向こうからやってくる」といった特徴をそれぞれ取り上げ、それぞれの具体例を解説してきました。

そしてもちろん、私自身、そういった投資話の類には、十分に気を付けてはいるのですが、それでも、残念な結果となってしまったケースは少なからずございます。

最終章では、そんな私の失敗談で締めくくりたいと思います。

私がFPとして独立開業したのは、2001年の夏。

ちょうどその頃、**通信業界には大きなうねり**が起こっていました。

通信技術の大幅な進歩、規制緩和などによって、光通信やADSLなど、電話・インターネット通信回線に様々なサービスが乱立していたのです。

もっとも、通信関連企業の株価のピークは1999年~2000年頃で、01年頃にはすっかり株価は低迷していましたが、インターネットの爆発的な広がりはとどまることをしりません。ネット人口の増加とともに、**通信環境に関連する話題は、まさに「旬のテーマ」**だったのです。

実際、ネットにはトコトン疎い私ではありましたが、そんな私でも、自宅兼事務所の電話・ネット回線をどうしたものかと、私なりに、いろいろ調べて、気になっていたくらいです。

そんな中、開業直後で売上もない中、無理して定期購読を申し込んだばかりの日経新聞に、こんな広告を見たのでした。

平成電電匿名組合**「利回り10％」**
通信業者である平成電電の**事業に手堅く投資**します

開業当初から、投資話には常にアンテナを張っていた私が、これを見逃すはずはありませんでした。

しかも、そのとき、まさに自宅兼事務所の通信環境をどうしたものかと、通信サービスには敏感になっていましたので、その視点からも、この広告は目にとまったのでした。

説明会に、行ってみた

利回り10％の投資話など、普通に考えれば、まずあり得ません。

しかし、その広告が大きく掲載されていたのは日本経済新聞だったので、グッと警戒心は薄まるのですが、まだ半信半疑——。そこにきて、今をときめく通信ベンチャー企業への投資ということで、これはいけるのでは、と思うのでした。

つまり、私の中では、**「日経新聞の信用力＋旬のテーマ（通信サービス関連）」＞「利回り10％のあやしさ」**ということでした。

そしていざ、どんな話が聞けるかな、とワクワクしながら説明会に行ってみたのです。

説明会場は、意外とこぢんまりとした感じで、参加者は30人程度だったと思います。

長机には、ペットボトルのお茶と資料が整然と並べられており、前方にはプロジェクタと演台と、極めてシンプル。

司会者や講師、そしてスタッフも皆、地味なスーツを着た、極めて普通っぽい人ばかり。

良くも悪くも、**体温を感じられない雰囲気**でした。

一般に、あやしい投資セミナーの場合、「不安を煽るためか、その演出が派手」なケースが多いのですが、そこは、当時、それなりに名の知れた通信業者である平成電電の看板を出している自信からか（日経新聞にも広告を出している自負か）、変に凝った演出などは一切ありませんでした。

そして定刻通り、「本日はお越しいただき、ありがとうございます」と、極めて普通の挨拶で、幕が開けるのでした。

その説明っぷりも、極めて普通です。

ザックリまとめれば、平成電電匿名組合の仕組みは、「平成電電設備株式会社と平成電電システム株式会社の2社を設立して匿名組合を組成し、その匿名組合に出資。そして、その匿名組合が投資家から集めた資金で通信機器を購入して、それを通信事業者である平成電電にリースし、そのリース料から配当金を支払う」というもの。なんだかややこしいですが、講師曰く、この**匿名組合という仕組みが、何かと都合良い**とのことです。

ただ、出資者である我々への配当利回りが10%ということは、元となるリース料はそれ以上の負担となるわけで、それで**平成電電はやっていけるのか、**とは、誰もが思うところでしょう。


さぁ、ここから、です。

匿名組合の仕組みまでは淡々と話していたのですが、平成電電本体の話となったあたりから、明らかに、自身満々のオーラを醸し出してくるのでした。

いや、話し方は相変わらず淡々としたものなのですが、明らかにトーンが違います。

そして、プロジェクタに映し出されるスライドも、「契約者数が1年で数倍に増えているグラフ」「平成電電の通信サービスのCM・知名度」など、アピール度満載のものになってきました。

その様を一言でまとめるなら、**「破竹の勢いを誇る通信ベンチャー、平成電電」**です。

そしてもちろん、今、通信業界は大きな変革期であることも、しっかりアピールしてきます。

つまりは、今、変革真っ只中の通信業界で、最も勢いのある企業であることを、いわば、**「旬」な業界の「旬」な企業**であることをアピールしてきます。

そのインパクトは、高額なリース料を支払ったとしても、(この勢いが続けば)十分にやっていけるだろうと思わせるものでした。

ちなみに、技術的なことも少しは説明していたような気がしますが、正直、専門的過ぎてよく分からず。講師も、「参考までに――」程度の扱いで、実際、会場の誰からも質問はありませんでした。

あと、今回が初めての募集ではなく、この匿名組合はそれまでも毎月1号ずつ募集をしており、**実績があること**もしっかりアピール。

これは、前例主義の保守的な人にとっては大きな安心材料です。

そして私自身、平成電電との企業名は「どこかで聞いたかな……」程度でしたが、この会社が提供する通信サービス「CHOKKA（チョッカ）」「電光石火」などはCMでもよく目にしており、説明会での超強気な態度も相まって、心は大きく揺らぐのでした。

しかし、私にとっては、大きな問題がありました。

それは、一口100万円と高額であったこと。当時、独立開業して間もなく、余剰資金などほとんどなかった私にとっては、とても100万円は出せなかったのです。

いや、一口100万円であることは、広告ですでに分かってはいたことですが、ひょっとしたら、10万円くらいのコースもあるかな——など期待して説明会に臨んだのでした。

そして説明終了後の、質問タイムとなりました。

参加者は皆、投資する気満々でやってきたのか、誰も手を挙げない中、唯一の質問が、私の「100万円未満のコースはないのですか？」でした。

これには、「申し訳ないですが、ございません」と一蹴されてしまいます。

いや、こちらこそ、しょーもない質問をすみません、という恥ずかしい思いでした。

講師もスタッフも、終始物腰は低くて丁寧でしたが、「媚びている営業マン」という雰囲気はまったくなく、どちらかというと**「強気」な感じ**でした。私は残念ながら投資は諦め、後ろ髪引かれる思いで、会場を後にしたのでした。

❗経営破綻！ 破綻（詐欺）の要素は満載

そして、その説明会から1年後くらいでしょうか、**平成電電は経営破綻**しました。

一見、経営は順調そうに見えるも、実は資金繰りは厳しく、2005年に民事再生法の適用を申請したのでした。

説明会では、1年後に破綻するような素振りはみじんも見せませんでした（まぁ、当たり前ですが）。

少したどたどしくも、丁寧な説明の中に、強気のオーラを漂わせる雰囲気は、まさに「強者の余裕」すら感じさせるものでした。もっとも、それは今思えば、実は懐が厳しいからこそ、そこから**目をそらすために、強気を演出していた**のでしょうが。

でもそれは、（ある程度知識・経験を得た）今だからこそ、分かることです。

当時の私はまだ若くて知識・経験も乏しく、**「話題の通信ベンチャー」という旬のテーマ**に目を奪われ、その説明された内容を疑うことはまったくありませんでした。

その後、この平成電電匿名組合は、被害総額約500億円、被害者数約2万人という**巨額投資詐欺事件**として、世間に知られることとなりました。強気な説明とは裏腹に、資金繰りは厳しく、途中からは、通信機器の購入すら行っていなかったようでした。

もっとも、私はそれを見抜いて投資をしなかったわけではなく、前述の通り、ただただ**資金不足で投資できなかっただけ**でした。

当時はお金がなかったおかげで、運よく難を逃れたわけです。

もし100万円の余裕資金があったなら、私は確実に、被害者約2万人の1人となっておりました。

ですので、これはもう、騙されたと同然と言ってもよいでしょう。

そんなわけで、説明会にまで行った平成電電については、他人事とは思えません。それからは私もＦＰとして、投資に関する様々な知識・経験を積んだこともあり、あらためて、この平成電電についていろいろ調べてみるのでした。

すると、その勧誘の際には、「1人紹介すれば、商品券1万円分がもらえる」「追加出資すれば、一口あたり商品券1万円分がもらえる」といった大盤振る舞いも行われていたようです。

これには、「説明会では、そんなこと言ってなかったぞ」と、ちょっと悔しく思うと同時に、「ああ、やっぱりね」と思わざるをえませんでした。この**「紹介者特典」「追加出資特典」**というのは、(何とかして資金を集めたい、自転車操業状態の) 危ない投資話の定番ですからね。

その特典が、事業内容と関係あるもの (例えば、通信サービス代金の割引など) ならまだしも、まったく関係のない特典の場合は、ちょっとあやしいわけです。

ちなみに私は、これまた巨額投資詐欺事件として有名な和牛オーナー制度「安愚楽牧場」に出資していたことがあるのですが、そのときも、「メロン」「演歌歌手コンサート」

など、和牛とまったく関係のない特典が目に付くようになり、これはあやしい、と破綻直前に資金を引き揚げております。

さらに調べて分かったことは、この平成電電匿名組合の前にも、この平成電電は、利回り20％超の「ＡＤＳＬモデムオーナー」や一口１０００万円の「平成電話パートナーシステム」など、**「旬」の通信サービスを絡めた投資案件**を扱っていたことです。

こういった「旬」のテーマであれば、よく分からなくても、「なんだか、凄そうだ」とお金を出す人は多いわけで、実際、そのサービス詳細まで理解していた出資者は少数だったと思われます。そんな彼ら（出資者）は、変革真っ只中の通信業界での、新たな有望な「通信サービス」ということで、そのあり得ないような高利回りにも、納得していたのではないでしょうか。

これはまさに、最初に触れた、「旬のテーマに、気をつけろ！」そのものです。

ただ、その頃からすでに、平成電電の資金繰りは「ヤバいのでは」との話は、一部で出回っていたようでした。と言うことは、平成電電匿名組合が出てきた時点で、「知っている人は知っている」状態だったのかもしれません。

しかし、当時はまだ、ネットでの情報拡散はそれほどではなく、そういった口コミレベルの情報を拾うのは難しいことでした（実際、私もまったく知りませんでした）。それが今や、誰もがSNSなどを通じてバンバン情報を発信できて、いくらでも情報を取りに行けるわけですから、その有利さを、我々はしっかり活かしたいところです。

あと、これは余談ですが、平成電電と双璧をなすのが近未来通信です。

近未来通信とは、インターネットを使ったIP電話事業者で、平成電電とほぼ同時期に、こちらは「中継局オーナー制度」で投資家を募っておりました。

配当利回りは30%を超えるだの、2年で元が取れるだの、あり得ないリターンだったわけですが、最先端技術で電話料金が安くなるIP電話事業の将来性から、多くの人が出資をしたようです。

まさに平成電電と同じカラクリ、すなわち、**「旬のテーマ」マジック**です。

ただ、その実態としては、平成電電と同じく、完全に詐欺だったわけですが。

ちなみに、近未来通信のオーナー制度は、一口1000万円超。

平成電電の一口100万円も出せない私にはとうてい無理で、こちらは説明会には行っておりませんが、おそらく説明会では、IP電話がいかに素晴らしいか、近未来通信がいかに最先端のIT企業であるかをアピールしていたことでしょう。

ところで、通信業界の今の「旬ネタ」としては、**5G**などでしょうか――。

通信技術はこれからもまだまだ発達していくことは間違いなく、今後も、新たな技術やサービスが次々に出てくるはず。

となれば、そういった技術・サービスを騙った、新手の投資話が出てくることは十分に考えられるので、大いに気を付けたいところですね。

未公開株購入

異業種交流会での出会い

それは、とある異業種交流会での出会いでした。

普段は、参加費１０００円程度の交流会にしか参加したことはなかったのですが、ちょうど、大きな仕事を終えて気分も大きくなり、某高級ホテルで開催された、参加費１００００円ほどの**セレブな交流会**に参加してみたのです。

受付の雰囲気は、まるできちんとした結婚式のようで、身が引き締まります。

会場は、ほんのりとクラシック音楽が流れる優雅な雰囲気で、サンドウィッチや飲み物コーナーに、我先にと人がガツガツと群がるようなことはありません。

しかし、そこは異業種交流会ですから、皆、積極的に動いて、名刺交換をしております。

参加者は、従業員数十名を抱えるよう規模の企業の経営者も多く、中には、鼻息荒く「株式上場」を口にするような方もいました。

私が意気投合してお話させていただいた方も、そんな、エネルギッシュな方でした。


その方は、ホテル関連の仕事をされていて、近々、株式上場を目指しているとのこと。

そして、まだ構想段階ではあるものの、将来的には、これまでのホテルの概念を覆すような、地球環境・国際平和をコンセプトとしたホテルを考えているとのことです。

年齢は私よりやや上程度で、シンプルながら品の良いスーツを着こなし、スマートな立居振舞が目に入ります。

業界では有名な方らしく、雑誌などにもバンバン取り上げられ、著書も出版されていました。これには業種は違えども、その方には、かなり心を奪われたのでした。

その方いわく、ホテル事業はあくまでも手段であって、目的は**「社会を地球規模で良くすること」**。

これはあまりにも壮大過ぎて、**若干胡散臭くは感じる**のですが、そんなことより、私がグッときたのは、そんな**明確なビジョンを持っていた**、ということでした。

というのは、ちょうどそのとき、私は、「経営においてビジョンを持つこと」の大切さについて、悶々と考えている時期だったのです。

経営指南書を読み漁り、セミナーにもよく足を運んでいました。

開業して10年近く経って、ちょうど、そんなことを考えるステージだったのかもしれません。

私も経営者の端くれですから、それなりのビジョンは持っているつもりでしたが、それは「年収○○万円」や「著書○○冊」といったもの。

しかし、本当のビジョンとは、**社会全体のことを考えたもの**であり、そして、それは**使命（ミッション）**であり、私のそれとは、まったく別モノであることに、気づいてしまったのでした。

本当のビジョンを持っている人と、いない人とでは、10年後、20年後、大きな差がつくとのこと――。

当時、仕事は順調ながら、ほのかに頭打ちを感じており、これには、自分の利益ばかり考えていいものかと、**漠然と不安を感じてもいた**わけです。

そんなこともあって、「ホテルで、社会を良くする」と、明確にビジョンを語る、その人とは意気投合するのでした。

！歓談から相談、そして不安を煽られる――

最初は他愛もない歓談でしたが、その人が、大いなるビジョンを語ったあたりから、ビジョンを持つことの大切さについて、深い話となります。

そして、前述したように、私が「本当のビジョン」を持っていないことへの不安を吐露したあたりから、いろいろアドバイスをしてくれるのでした。

これは純粋に嬉しかったわけですが、今思えば、この**「アドバイスする、される」の関係**になったことがまずかったわけです。

アドバイスされる側からすれば、アドバイスする側の言うことは、気持ちの上で、**否定できない**ですからね。

ちなみに、話は少し逸れますが、投資話においても、不安を煽っておいてから、相談に乗りますよ（アドバイスしますよ）との立場で、勧誘してくるケースは少なくありません。

つまり、**アドバイザー、講師、先生、といった立場**で接してくるわけですね。

そうやって、こちらがアドバイスされる、教えてもらう、との立場になってしまうと、とても断りづらい空気となるわけで、これも投資詐欺の常套手段ともいえるでしょう。

もっとも、今回のケースでは、ビジョンの話は成り行きだったので、その人が、最初からそれを狙っていたとは考えづらいですが、結果的には、私は「アドバイスされる」立場となってしまったわけです。

さて、それでは話を戻します。

その人が言うには、「自分のことだけ考えていては、絶対に長続きしない」と、そして、「使命感を持たずに規模拡大して、不幸になった人を何人も見てきた」など、厳しい言葉を投げかけてくるのです。

これには、本当のビジョンを模索していた私は、**不安を煽られる**わけです。

さらに、私自身のビジョンを、「それではダメだよ」**とダメ出しされる始末**で、へこまされます。

この時点で、なぜか、**ちょっとした上下関係**ができあがっておりました（そのときは気づいていませんでしたが）。

そして、「でも、そうやっていろいろ考えていることは素晴らしいこと。ぜひまた、私と一緒に何かやりましょう」と言われ、認められたようで、嬉しく思ったりもしました。

そうです、**「落とされて」「持ち上げられて」と、いいように気持ちをコントロール**されていたわけです。

もちろんこれは、「アドバイスする、されるの関係」ができあがっていたことが大きな原因であることは、言うまでもありません。

客観的に分析してみても、不安を煽る側は、基本的に、**ちょっと上のポジションに立ってくる**ものです。

そして、彼はその壮大なビジョン、そして、そのビジョンを持つまでのストーリーなどを熱く語ります。

そこから、ごくごく自然な流れで、「私の会社は今、上場に向けて株主を集めているのですが、もし良ければ株主になって、一緒に頑張りませんか？」と誘われたのでした。

今思えば、この時点で、完全に**「相手の土俵に乗っていた」**わけです。

そう、これはまさに、前に触れた「業者の土俵に乗らないこと！」の失敗例そのものなのです。

ちなみに、その勧誘は、**典型的な未公開株投資**ですよね。

そして、普段であれば、絶対に手を出すことはない投資案件です。

というのは、「社会を、地球規模で良くする」というのは、**社長の頭の中だけでの構想（あるいは、妄想？）**にすぎないから。

漠然と、何らかのチャリティ的なイベントを語ってはいましたが、ホテルでどうやって「地球規模で良くする」のか、綿密な事業計画は特にありません。

そもそも、具体的な上場スケジュールなどまったくなく、あくまでも、社長が「近々、目指す」と言っているだけに過ぎません。

しかし、大いに不安を煽られている状態だった私は、「この投資をきっかけに、この人とのつながりができれば、私も次のステージに上がれるのでは――」と、ちょっと舞い上がった状態だったこともあり、ほぼ即決で、投資を決めてしまったのです。

ちなみに、投資を決めた理由は、他にもありました。

それは、その場が、普通の（ちょっとセレブな）異業種交流会の場であったから。これが投資セミナーや、投資の勧誘の場であれば、もっともっと警戒していたはずです。

それが、急に投資話が出てきて、**不意を突かれた**わけです。

というか、そのときは、投資話であるという認識すら、あまりなかったような気がし

信頼する人からの推薦

ます。

また、それまでに勧誘を受けた未公開株投資は、すべて、取次業者からの（あやしい）勧誘でしたが、今回は**社長直々の勧誘**ということで、**「私は、特別に選ばれた」**という思いで、完全に警戒心が緩んでいたことも、大きな理由だったわけです。

そして、後日送られてきた契約書にハンコを押し、最低単位の１００株の購入申し込みをして、約10万円の購入代金を振り込んだのでした。

10万円が2000円に

振り込んでからは、まったく連絡がありません。

プライベートでの関係から連絡が来ないことに関しては、忙しい人でしょうから、これはまぁ、仕方ないかな、と思ってはいました。

ただ、株主の立場としては、少しは、ホテル事業の進捗報告をしてくれてもいいのでは、とちょっとやきもきしておりました。

そんな中、しばらく経ってから届いたのは、**「ホテルオーナー募集」**の案内パンフレット。

これには、「えっ？　まだ計画段階なのに？」と意表をつかれます。

パンフレットには分厚い立派な紙が使われており、完成予定のホテルイラストも、まるで一流絵画のごとく、メチャクチャ綺麗に描かれています。ただ、B4サイズが折りたたまれた4Pだけのもので、その詳細までは分かりません。

それなのに、**オーナー登録料は1000万円を超えている**のです。

オーナーになれば、部屋の貸出も可能で、毎年賃料が受け取れるようですが――。そんなパンフレット1枚で1000万円も出せるわけがありません。

そして、ホテルそのもののコンセプトも、なんだか、私が思っていたイメージと違うのです。

また、オーナーを紹介すれば特典があるよ、との紹介制度には、なんだか金集めに走っている感じが否めませんでした。

これはちょっとと思い、あらためて確認してみると、その会社は、これまでにホテル運営の実績はなく、コンサル事業のみをやっていたとのこと。

しかも、そのコンサル実績も、ほんの微々たるものでした。

もっとも、それは株式購入の段階である程度は分かってはいたのですが、そのときは、「これからの」ホテル事業計画に気を取られ、「これまでの」実績などはあまり気にしていなかったのでした。

さすがに、この迷走感溢れるオーナー制度には不安になって、今度は、社長のことを調べてみると、たしかに、その人は業界では有名でした。

口だけ番長、ビックマウス、取り巻きはイエスマンばかり、としてですが。

私もイエスマンの一人だったのかと、これにはスッカリ冷めてしまいました。

今思えば、ちょうど交流会に行ったときが、「本当のビジョンを持たねば――」との不安のピークだったわけで（なので、普段行かないセレブな交流会に行ったわけです）、あれは、最悪のタイミングでの出会いだったとも言えるかもしれません、

その後、やはりというか、**ホテル計画は頓挫**したようで、「計画が大き過ぎた」「時期尚早だった」などの言い訳がましい報告がちょくちょく届きます。

そうこうしているうちに、小売業を始めたり、福祉事業・チャリティ事業に注力したりと、ホテル事業の報告は、まったく来なくなってしまいました。

ただ、株主総会招集通知や決算書などは送ってくるので、倒産はしておりませんが、ホテル事業については、事業報告の隅っこに**「凍結しております」**と書かれているだけ。

当然、ホテル事業の売り上げはずっとゼロです。

そして、決算書によると、1株あたりの純資産額は、現在20円弱。

私は100株保有しているので、これは2000円にも満たないわけです（そもそも、売れませんが）。

なので、約10万円で買った株は、なんと**2%の値段**になってしまったわけです。

もっとも、これが詐欺だったのかどうかは、分かりません。

ホテル運営が凍結しているだけで、この会社は倒産したわけではなく、役員や株主などの関係者も多いので、これ以上、ゴタゴタ書くことは控えておきたいと思います。

ただ、少なくとも、投資した10万円が、実質2000円になってしまったことは事実です。

そして、勧誘の目玉だった、ホテル事業の「凍結」の2文字が、解凍する気配がないことも、多くの人が感じているところかと思います。

なので、私としては、これは「騙された」と思って諦め、今後の反省材料として生かしていきたいと思っております。

入会への勧誘

向こうからやってくるダメな話は、投資話だけではない！

向こうからやってくる話は、基本的にロクなものではないことは「向こうからやってくる話には、気をつけろ！」で説明したとおりですが、これは投資話に限ったことではありません。

特に、普段はほとんど連絡を取っていないような人が、わざわざ連絡してくるということは、「これは、何かあるぞ……」と思っておくべきでしょう。

それでは、そんな話を一つ紹介しましょう。

数年前、大学の先輩から、ほぼ10年ぶりに電話がありました。

その先輩は、社会保険労務士として独立しており、ファイナンシャルプランナーも取得していたこともあって、大学卒業後も年に2～3回程度ですが、年賀状とメールでのみ、ちょくちょくとは連絡は取りあってはおりました。

そんな最低限のやり取りの中で、彼は、とある経営者団体（ここでは、○○協会とする）に加入しており、熱心に活動していることは知っておりました。

なので、電話があった時点で、嫌な予感はしていたのです。

その予感は当たりました。一通り世間話をした後、彼はこう切り出してきたのです。

「僕は今年で○○協会を卒業するんだけど、ここに入ってすごく良かったんだ。なので、僕の推薦枠が1名分あるんだけど、藤原君を推薦しようと思っているんだ」

これには、**「勝手に推薦するな」**と心の中で、強く思いました。

続けて、彼が言うには、「この協会に入って成長できた」「世界が広がった」と、**抽象的なことばかり**で、具体的にどんな活動をするのか、年会費などの費用はどれだけかかるのか、会議などの頻度はどれくらいかといった説明は一切なし。

でも、ここで、そこを突っ込んではマズい（入会の素振りを見せることになってしまう）と思い、グッと堪えるのでした。

さらには、「有名FPの藤原君なら、○○協会の幹事になれる」「○○協会は、藤原君の仕事に役立つ」と持ち上げ、そして、入会することのメリットを強調してきます。

これには、「幹事など御免だ」「私の仕事の何を知っているのだ？」と心の中で、強く思いました。

そして、一番強く思ったことは、本当に入って良かった（成長できた・世界が広がった）と思えるような素晴らしい協会なら、**もっと親しい、身近な人を推薦すればいいのに、**ということ。

たった1名の貴重な推薦枠を、なぜ、10年近くも会っていない私に（しかも、大学時代も特に仲良かったわけでもない）など使うのでしょう。

それはおそらく、本当に大切な人を入会させたいと思うような協会ではない、ということですね。

本当に素晴らしい協会であれば、推薦枠のことなど誰にも言わずに、自分の大切な人を、こっそり推薦するに決まっています（そうです。さも縁故採用のように）。

そして、これはあくまでも推測ですが、自身が○○協会を卒業する（＝退会する）にあたっては、その埋め合わせとして、誰かを必ず入会させないといけない、との規則があるのでは、と。この手の協会は、会員増強委員会やら、会員増強月間やらを設けて、やたらと「会員増強」に力を入れているところも多いと聞きますので——。

もしそうだとすれば、**私は生贄か**、と思わざるを得ません。

これはまさに、前述の「こいつなら、金出すだろ」の理屈と同じで、「こいつなら、入会するだろう」と思われていたのでしょう。

そして、その勧誘は、かなり強引、かつ、しつこいものでした。

挙句の果てには、「藤原君が入会しないと、私が困るんだよ」と、ついに本音とおぼしきことを吐き出す始末。そこまでぶちまけてくる相手ですから、こちらもホトホト参ってしまいました。

これがまったくの赤の他人であれば、「けっこうです」の一言で済むのですが、あらためて、中途半端な知り合いは面倒だな、と思わざるを得ませんでした。

最終的には、「年会費が1000円くらいで、会議が2カ月に1回程度の金銭・時間的負担で済むなら、考えてみます」と、「入会しない理由」ではなく、「(相当わがままな)入会できる条件」を提示するという、前に紹介した強引セールス対処法を駆使して、なんとか断ることができましたが、その後味は決して良いものでありませんでした。

できることであれば、そもそも、「知り合いから、勧誘を受ける」というシチュエーションに陥らないようにしたいものだな、と思う次第でした。

誘われそうな雰囲気になればサッと身を引くとか、誘ってきそうな人からは最初から距離を置くとか——。今回は、最終的には断れましたが、そもそも、「面倒くさい人から、面倒な勧誘を受ける」という状況になったこと自体が失敗だったとも言えるでしょう。

今思えば、電話での世間話の段階で、サッと離れておくべきだったわけですね。

ちなみに、この手の勧誘（各種団体への勧誘）は、「君だから」「君しかいない」など、あの手この手で持ち上げてきます。

また、その勧誘話が、こちらにとって、いかにメリットがあるかを滔々《とうとう》とアピールしてきます（しかし、不都合なことは話さない）。

今回の勧誘も、まさに、その典型的なパターンでした。

投資話だけでなく、向こうからやってくる話については、そういったモノは危ない（こちらにとって相当不利）ということは、普段からしっかり肝に銘じておきましょう。

投資話のスキーム

「看板」はコロコロ変えてきても、基本的は、変わらない

一見、投資話のパターンはたくさんあるように思えますが、実は、**そのスキーム（枠組み）は、それほど種類はありません。**

掲げている看板が異なるだけで、その**中身は同じ**であることも多いのです。

そして、その看板には、（本書の最初でも触れたように）「旬のテーマ」が使われるケースが多いのです。

それでは最後に、投資話の主なスキーム（枠組み）をいくつか紹介しておきましょう。

まずは、**直接的に「取引しませんか」**と言ってくるパターン。

未公開株などの勧誘がこのパターンの代表例で、**未公開株や社債、正体不明の金融商品などを売りつける**も、実際には取引実態はなく（売るに売れずに）、実質無価値であるケースです。

最近では、すでに紹介した、（上場するとのふれ込みの）仮想通貨にも要注意です。

また、このパターンには**手数料狙い**のケースも多く、かつては商品先物取引の強引な（悪質なものだと、顧客の意思に反して取引させるような）勧誘が問題になったこともありました。

「排出権取引」も、この典型的なパターンでしょう。

そして最近では、仮想通貨やＦＸでも、強引に取引をさせて、法外な手数料を請求するケースもあるので要注意です。

もっとも、直接取引を勧めてくるのは、いずれの商品も、取扱免許を持っている登録業者であるはずでしょう。

そして今では、金融商品販売法や金融商品取引法といった法律により、取扱業者への規制は厳しくなっているので、そういった強引な勧誘は減ってはいます。

ただ、仮想通貨やFXでは、当初は免許・登録制度はなかったため（誰でも取扱業者を名乗れた）、かなり悪質な業者も多かったわけです（実際には取引などせず、預かったお金の持ち逃げもあった）。

その後、免許・登録制となって、不適切な業者は淘汰されていきましたが、これからまた新しい商品・制度ができれば、免許・登録制度が整備されるまでの間は、この「取引しませんか」には、特に要注意ですね。

次に、**「事業に出資しませんか」**とのパターンです。

具体的には「地方創生のリゾート開発」「バイオマスエネルギー事業」など、そのネタは無限と言えますが、引きの強い「なんだか儲かりそう」「面白そう」といったものが多く、そしてなにより、やはり「旬のテーマ」を掲げてくることが多いです。

本章で紹介した平成電電もこの「事業出資」パターンですが、その謳い文句としては「これからの通信業界を変える事業です」みたいなノリで説明しておりました。

また、「非日常感」のあるようなものも、あやしいものが多いです。

かつて、私のもとには**「フィリピンのエビ養殖事業」**という非日常感あふれる案件が舞い込んできたことがありましたが、後日、典型的な詐欺であることが判明。そう、かの有名な巨額投資詐欺事件である『ワールドオーシャンファーム事件（被害総額850億円超）』でした。

事業自体はほとんど行っておらず、集めたお金は、配当に回す**「ポンジ・スキーム」という投資詐欺の定番**でした

「お金を運用して増やしてあげますよ」とのパターンもあります。

これは、FXのところで紹介したように、〇〇で運用しますよ、と勧誘する際に、その〇〇に、旬のネタ（金融商品や運用法）が使われることが多いわけです。

そして、このパターンには、**「匿名組合」**がよく使われます。

これは一般には、「FXファンド」「太陽光発電ファンド」など、〇〇ファンドとの言い回しをされることが多いです。

かつては（今でも？）、「ワインファンド」「ラブホテルファンド」と言ったものがありました。

この匿名組合とは、「当事者の一方（匿名組合員）が、相手方（営業者）のために出資をなして、その営業から生じる利益を分配することを約束する形態」で、匿名組合そのものは違法ではありません（むしろ、非常に便利なスキームです）。

ただ、出資金は営業者の財産となり、出資金の使用使途などは出資者側から制約を受けません。

つまり、「何で、どうやって運用するか」は**ブラックボックス**なので、投資詐欺の温床となっているのも事実で、これは気に留めておいたほうがよいでしょう。

あまりにも、旬のテーマばかりを強調してきたり、不安を煽ってきたり（第2章参照）するものは要注意です。

ちなみに、前述の「事業に出資しませんか」のスキームも、この匿名組合であることが多く、平成電電やオーシャンファームも匿名組合でした。ただ、それらは「事業への出資」を前面に推し出してくることから、これは別途、「事業出資」のスキームとして区分しました。

そして、第1章のFXの項目でも紹介した**「運用アドバイス」「スクール運営」「ト**

レードシステム（自動売買プログラム）販売」「情報商材販売」といったスキームです。

特に仮想通貨など、仮想通貨そのものが「よく分からない」と思っている人も多いので、「仮想通貨超入門」みたいなタイトルの、**毒にも薬にもならない**ような情報商材もたまに見かけます。情報商材を購入するには住所やメールアドレスを教えないといけないので、それなら、普通に書籍を買ったほうがよいでしょう。

加えて言うなら、**「投資商品の販売（勧誘）をやりませんか？」**といったスキームにもあやしさが漂います。

これは、**ネットワークビジネス**（モノによっては、ネズミ講？）の可能性が高いのですが、結局は「お金を投資して（多くの場合、入会金や自らの商品購入などで初期投資が必要）、収益（コミッション報酬）を得る」わけですから、大きな括りとしては、投資スキームのひとつと言えるでしょう。

このスキームについては、「ビジネス系投資」として、その具体例やネットワークビジネスの定義など、しっかり解説しております。

！ 旬のテーマを「すぐに」使ってくるのは、あやしい？

以上が、投資話の主なスキーム（枠組み）です。

ですが、投資詐欺は、そのスキームについての丁寧な説明はあまりなく、何度も触れたように、**旬のネタで気を引こうとする傾向**があるようです。実際、世間で話題になっているテーマを、面白おかしく上手に話してくるわけですから、どうしても興味・関心を奪われてしまいますよね。

でもそこは冷静に、そのスキームそのものをしっかり確認して、不明なところ、よく分からないところは徹底的に突っ込んで質問しましょう。

勧誘する側は、旬のテーマについてはしっかり理論武装しているかもしれませんが、投資スキームという、意外なところを突かれると、そこからボロを出すかもしれません。**スキームそのものを突く人は少ない**、というか、スキームそのものを知っている人は少ないですからね。

その意味でも、投資話の代表的なスキームは知っておいて、損はないでしょう。

ところで、世の中で何かが話題となると、それを騙った投資話はすぐに出てくるものです。

ただ、出てくるのがあまりにも**「早過ぎる」**のは、ちょっとあやしいと思っておいたほうがよいでしょう。本来、その旬のテーマを使って、投資スキームをしっかり練り上げていくのは、大変な時間・労力を要するはずですから。

ところが詐欺業者は、各業者が得意とするスキーム（直接取引・事業出資・情報商材など）に、その**旬ネタをペタッと張り付けるだけ**のケースが少なくありません。

例えば、未公開株を扱っていた業者は仮想通貨を取扱い、金取引（ロコ・ロンドン金取引が有名）業者はＦＸや排出権取引業者へと。ワインファンドを組成していた業者は太陽光発電ファンドを組成し、株式投資スクールの運営業者は、ＦＸスクールを運営するようになるわけです。

看板を変えるだけですから、異常に早くに、旬のテーマを騙った投資話を持ってくるわけです。

しかし、当然ながら、そんな雑な投資話は、すぐにネットなどで悪評が広がります。それを分かっているので、できるだけ早くにお金をかき集めて、撤退するつもりなのでしょう。「〇〇を騙った投資詐欺が出ていますよ、その内容は……」といった情報が出回らないうちに決めてしまいたいわけです。

そしてまた、次に、何かが話題になれば、すぐさま動き始めるのです。

つまり、あまりにも早くに、手際よく、旬のテーマを騙った投資話を持ってくるのは、手慣れた「投資詐欺の常連」である可能性も高いです。彼らは目まぐるしく**「看板」を掛け替えながら、常に、投資の世界にのさばっている**のです。

なので、勧誘してきた業者があやしいと思えば、その業者名・連絡先・代表者名といった情報が分かれば、ネットなどで調べてみましょう。

過去の悪評があまりにも多ければ、それは大いに危ないですね。

もっとも、看板となる旬のテーマが変わるごとに、業者名・連絡先・代表者等は変えていることがほとんどですが、それでも念入りに調べれば、「代表者は、(過去に悪評酷かった)〇〇社の代表だった」といった情報は、少なからずあるはずです。

投資詐欺がなくならないのは、それは、投資詐欺の業界に新しい人がドンドン入ってきているというよりも、同じ人が、何度も何度も、やっているからと言われています。そこで、前の悪行をリセットできる、都合良い武器が「旬のテーマ」でもあるわけですね。

なので、我々は、「旬のテーマ」には気をつけないといけないわけです。

！旬のテーマそのものはあやしくない、あやしいのは……

最後に、誤解のないように言っておくと、**旬のテーマそのものは、それ自体は決してあやしいものではありません。**

あやしいのは（気をつけるべきは）、**旬のテーマを騙ってくる業者（勧誘してくる人）**です。それも、「今、話題の！」「「皆が、注目している！」など、旬のテーマありきで、最後まで押し切ろうとする場合は要注意です。

旬のテーマを掲げると、とりあえずは興味を示してくれる人も多いので、便利です。

なので、きちんとした業者（勧誘してくる人）でも、ある程度は、旬のテーマをきっかけにすることは少なくはありません。

しかし、最初から最後まで、ずっと、その旬のテーマで押し続けてくるのは、ちょっとオカシイですよね。

その商材に自信があれば、その商材の説明をしっかりしてくるはず。しかし、それをせずに、旬ネタで押し切ろうということは、商材に自信がないのか、それとも、知られたくない、突っ込まれたくない、何かがあるのか……。

そんなところにちょっと意識を向けるだけで、あやしい投資話は、かなり見抜けるのではないでしょうか。

あとがき

さて、本書では、様々な投資詐欺を紹介してきました。

様々な手口で騙そうとしてくる業者、強引な勧誘をしてくる人たち――。彼らのやっていることは犯罪（もしくは、それに近い行為）ですから、当然、それは徹底的に追及されるべきでしょう。

しかし、彼ら「だけ」に問題があるのでしょうか？

騙された側で、こういったことを言ってくる人がいます。

「よく分からないけど、年10％儲かるって言われたので、やってみました！」

「絶対に儲かるって言っていたから、大丈夫だと思います！」

彼らは、**自分で考えてはいません**よね。

セリフ中の、「よく分からないけど」など、まさにその証拠です。

つまり、**人任せ**にしているわけです。

セリフ中の、「言われたので」「言っていたから」など、まさに人任せにしている以外の何物でもありません。

それで、期待通りの結果にならないと、「騙された」と言ってくるわけです。

そういった人は、何度でも、投資詐欺に騙されてしまいます。

もっとも、あの手この手の話法や演出（本書でも紹介した「旬のテーマ」「不安を煽る」など）で思考停止にさせられているなど、汲むべき事情はあるのかもしれません。相手は、誰もが持っている「お金を増やしたい」「将来が不安だ」といった心理を巧みに突いてくるプロですから。

しかし、いくら巧みに突かれたとしても、その**「最終的な判断」は、自身で下している**はず。

首根っこを押さえつけられて、手首をつかまれて、力づくで無理矢理、契約書にハンコをつかされたわけではないですよね？

やめようと思えば、自分の意思で、やめられたはず。

それでも契約をしたということは、それは紛れもなく、「自身の判断」なのです。

それを「騙された」という人は、その**「自身で判断を下した」という自覚がない**わけです。

どんなにアレコレ言われたとしても（気持ちをコントロールされたとしても）、契約する以上、その自覚だけは、絶対に持つようにしてください。

その「自身で判断を下した」との自覚の有無は、万が一、詐欺（もしくは、それに近いもの）にあってしまったときに、大きな差となります。

その自覚があれば、その状況をしっかり受け入れ、冷静に対処できるはず。

しかし、その自覚がないと、「騙された」「信じていたのに」「言ってたことと違う」など狼狽《うろた》え、状況によっては精神的に追い詰められ、最悪の結果に至ることも――。

つまりは、相手が何を言ってきたとしても、考えることを放棄するな、人任せにするな、分からなければやめておけ、ということです。

そして、儲け話をやってみるのであれば、これは繰り返しになりますが、**「自身で判断を下した」との自覚は、絶対に持ってください、**ということです。

それは、投資詐欺対策に限らず、**全ての投資に言えることでもあります。**

最後に厳しいことも書いてしまいましたが、様々な投資話が飛び交う現状において、本書の内容が、皆さんの投資判断の一助になれば幸いです。

藤原久敏（ふじわら・ひさとし）

藤原ＦＰ事務所／藤原アセットプランニング合同会社代表
ＣＦＰ®・1級ＦＰ技能士

1977年大阪府大阪狭山市生まれ。大阪市立大学文学部哲学科卒業後、尼崎信用金庫を経て、2001年にＦＰ（ファイナンシャル・プランナー）として独立。現在、自らの資産運用の経験を軸にした執筆・講演・取材等を中心に活動している。著書は『９割は、預貯金でいい！～2000万円をつくるための、３ステップ～』（日本橋出版）、『超攻撃的［ディフェンシブ投資］魔法とお金キーワード10選』（ぱる出版）、『あやしい投資話に乗ってみた』（彩図社）、『投資2.0 ～投資型クラウドファンディング入門～』（スタンダーズ）など30冊を超える。また、大阪経済法科大学にて経済学部非常勤講師を勤める。

ホームページ：https://plaza.rakuten.co.jp/fpfujiwara/

お金のプロもダマされた!?
あえてあやしい「儲け話」をやってみた

2020年8月23日　初版発行

著　者　藤原久敏
発行者　野村直克
発行所　総合法令出版株式会社
〒103-0001 東京都中央区日本橋小伝馬町15-18
ユニゾ小伝馬町ビル9階
電話　03-5623-5121
印刷・製本　中央精版印刷株式会社

ISBN 978-4-86280-757-1
総合法令出版ホームページ　http://www.horei.com/